The

4-WEEK

Total Wealth Makeover

BEAUTIFUL MONEY

Leanne Jacobs

―― ビューティフル・マネー ――

４週間で人生が変わる心とお金の法則

リアン・ジェイコブズ

薩摩美知子［訳］

Discover

Prologue

はじめに

この本は、あなたが以前手にしたことのあるお金に関する本とは少し違うと思います。それは、そもそもこの本で紹介する「ビューティフル・マネー」プログラムの使命がそれらの本とは違うからです。みなさんには、資産を増やす計画とか老後の貯えなどについてだけでなく（もちろん、それらにもふれますが）、もっと大局的なお金の話をしようと思っています。

「ビューティフル・マネー」プログラムは、かなり欲ばりなゴールを設定しています。**みなさんがお金と健全でポジティブな関係を持ち、その関係が生活のあらゆる面に反映され、生活が自然に豊かになるようになるお手伝いをしたいと思っています。**お金とポジティブな関係が持てるようになると、自信、充足感、幸福感は増し、家族、社会、世界中の人々に優しくなれます。

この本がほかの本と違うのは、あなたが大事にしているものを基本としたライフスタイルをつくるお手伝いをしているところ。だから、あなたはもう他人の決めた成功の定義に惑わされることはなくなります。着々と自分らしいライフスタイルが築かれていくことを実感しつつ、気づいたら豊かになっていたという体験をするのです。

私自身が苦しい経験で得たことを、惜しみなくお教えします。ヒントは、日々の考え方、行動、習慣を、ちょっと変えること。その変化がお金と仕事と成功に影響を与え、あなたは幸せにあふれた毎日を送ることができます。本当の豊かさは、精神的な部分でつくられるのです。

たった4週間で人生が変わります

「ビューティフル・マネー」プログラムでは、実用的な面と精神的な面からガイダンスをしつつ、具体的なツールや戦略をお教えしていきます。これらを使えば、あなたの生活や経済状態は右肩上がりに変化し、しかも楽しみながら続けられるのです。

この4週間のプログラムを終えれば、あなたは人生の豊かさを感じるようになり、お金の心配のないエレガントで優しさと愛にあふれた生活を送ることができるでしょう。

このプログラムは、私自身の経験から得た知恵と、先人や師匠たちの知恵をミックスしてつくったものです。このコースでは、ダイエットコーラと乱雑に散らかった生活が、清々しく、解き放たれ、身も心もすっきりと整理整頓された生活へと大きく変われるように指導します。

過去数年間、私自身で試してきて学んだのは、ライフスタイルを完全に変えるのに必要な日数は、4週間がベストだということです。4週間は短いとか、気忙しい、と思われるかもしれません。でもプログラムが長過ぎると、緊張感がゆるみ、エネルギーや士気が低下することに気づきました。変わりたいと思った今、この瞬間から始めましょう。

「ビューティフル・マネー」プログラムには、週ごとに、お金の管理のアドバイスとともに、自分自身を見つめ直し、あなたが本当に望むことに気づかせ、賢いお金の使い方と貯金を増やす方法を知るエクササイズが用意されています。プログラムは1週間単位で構成されていて、よりよい健全な習慣を身につけ、お金とよい関係を築き直すお手伝いをしています。1週ごとのカリキュラムの概要がこちらです。

Week 1

整理整頓し、余裕のある空間をつくる

最初の一歩では、「ビューティフル・マネー」プログラムの核となる法則について学び、自分の経済状態について明らかにします。そして、不要なものを手放し、必要なものを入れるスペースをつくります。お金に対する思い込みから、メールボックスにたまった不要なメール、クローゼットの中身まで、整理整頓するのです。

Week 2

自分の心と向き合う

自分が大切にしたいものをクリアにし、やりたいこと、好きなこと、関心を持つことにだけ集中できる力を身につけます。自分が大切にしたい価値観を元にした宣言文をつくります。

Week 3

豊かな人生のための習慣を身につける

ここでようやく心身ともに豊かになるためのアクションに移ります。この週の目標は、あなたの日常生活を見直すことです。

お金に関するあなたの日常の習慣を見ていき、どうやって収入を得ているか？　日々、自分の稼いだお金、貯めたお金をどうやって使っているか？　お金をおろそかにしていないか？　豊かな生活を築くのに、邪魔している習慣はないかチェックします。

Week 4

お金を引き寄せるマグネットになる

これまでのプログラムで明らかになったことを元に、ゴールを3つ設置して、マップをつくります。そして、あなたがどこへ行っても、お金を引き寄せるマグネットになる秘訣をお教えします。

それぞれの週に3つステップがあり、基本的にはその期間中にマスターし、全プログラムを1カ月で終えるように作成されていますが、人によってペースは違います。最初2週間の課題を軽々とこなしたのに、3週目にきて壁にぶちあたってしまったという人もいます。その反対に、最初の2週が難しくて、後の2週は楽勝だったという人もいます。自分のペースで進めてください。

最初の2週間は、自分の内面と向き合うようなワークが多いので、「早くお金のことを教えてよ」と思うかもしれません。でも、「ビューティフル・マネー」プログラムは、ヨガのレッスンと同じように、実践すること自体に意味があります。

「ビューティフル・マネー」プログラムで重要なのは、自分自身を知ること、人生で大切なことに真摯《しんし》に向き合って生きていく方法を探ることです。最後の週で、個々のピースがつながってひとつの絵になるのを楽しみにしていてください。

人生で大切にしたいものがわかる

「ビューティフル・マネー」プログラムを通じて、あなたの生活のなかで、欲しいもの、不要なものをはっきりさせることができます。たとえば、自分の才能を生かした仕事をしながら、銀行口座には安心できるだけの貯金があるというシンプルなライフスタイルはいかがですか？

本書を手にとり「変わりたい」と思っているあなたには、すでに美しさ、豊かさ、上品さは、十分備わっています。あとは自分の欲しいものをはっきり自覚すればよいだけ。そして、あなたのライフスタイルを少しシフトすれば、自分の力だけで十分豊かに生きることができます。

豊かで、満ち足りて、真摯に生きる人たちの世界へようこそ。あなたも今日から「ビューティフル・マネー」のコミュニティの一員です。

「ビューティフル・マネー」の生まれた瞬間

最後に、私が「ビューティフル・マネー」プログラムを生み出すに至った背景についてお話しさせてください。

20代のころ、私は夢に描いた通りの生活をしていました。優良企業で働き、高額の報酬を得ていました。魅力的で、しかも成功した心優しい男性とめぐり会い結婚。彼は私の親友でした。私たちは高級住宅街にある素敵な一軒家に住んでいました。大手製薬会社の重要なポジションにいた私は、MBAを取るための勉強もしていたので、将来のキャリアアップは約束されていました。一方、時間を見つけてはジム通い。長距離ランニングで自らを研磨する、負けず嫌いのアスリートでした。

誰だってこんな私を見たら、夢をかなえた勝ち組の一人だと思うでしょう。実際、あとちょっとですべてを手に入れるところまできていました。

しかし本当の私は、目に見えない檻のなかに入れられているようで、息苦しくてしかたなかったのです。夫とはよい関係を保っていましたが、いつしか歯車がかみ合わなくなってきていました。私の生活には情熱とか充足感のようなものが欠けていて、月々の給料は、全部使い果たしていました。いつも忙しくて、本当にやりたいことをする時間がいつまでたっても持てないように感じていました。オフィスで過ごす時間をどんどん延ばして、自分自身をいたわったり、ヘルシーなメニューの料理をしたり、さらには夫と過ごす時間をつくったりする心の余裕が持てず、結婚生活はほころび始めていたのです。

そんな暮らしを何年も続けていたある夜、眠れぬまま私は、空しさと孤独感に襲われ、魂の抜け殻のような身体をベッドに横たえていました。情熱を傾けられるものは何ひとつ見つけられなかった。睡眠時間は短く、ダイエットコーラとプロテインバーで命をつないでいました。

私は少しも幸せではなかった。精神的にも飢えていたのだと思います。このときベッドのなかで、私が追い求めて手にしたものは、本当に欲しいものではないことに気づいたのです。私の履歴書には、素晴らしい成績と、学位と、数々の賞がぎっしり並んでいたかもしれない。でも、心のなかは空虚だった。人生の大事な時期をこのまずっと、情熱の持てない仕事に費やしていてよいものだろうかと、真剣に考えました。

そのとき、私の脳裏に、ある考えが浮かびました。もう、昇進なんてどうでもいい。10万ドル以上の収入と素晴らしい肩書に何も魅力を感じなかったら、きっとそれは意味のないことなのだ。私は自由になりたいし、自分の人生を有意義なものにしたい。もっと世のため人のために生きたい、と真剣に考えました。身も心も軽くしなやかに生きたいと思いました。そして、何より、自分を大切にしたいと。

ここで、自分の人生の方向転換をしたい――する必要がある――と感じたのです。もっと満ち足りて、エネルギッシュに、幸せだと感じたいと思ったのです。誰かに自分の時間や、日々のスケジュールを管理されるような仕事はもうたくさんだ、と。私に必要なのはリフレッシュでした。企業で働いてすり減らした心身を回復させる時間が欲しいと切実に思いました。でも、具体的にどうすればよいかがわからない。ただ、変化は絶対に必要と感じました。

翌日さっそく会社に辞表を出し、二度と後ろを振り向くことはありませんでした。そして、お金の稼ぎ方と使い方も含め、私は自分の生活をすべて見直しました。自分自身のビジネスを立ちあげ、人間関係、健康、お金に関して、自分の心に忠実な人生を築き直すのに数年かかりました。現在、私は経済的に自由で、理想の人と再婚し、4人のかわいい子どもたちのママとしての役目も楽しんでいます。私たち家族の人生は一大アドベンチャー。でも、自分たちの気持ちと心と身体のケアには十分に気を遣っています。夫と私は人生において何が大切かを共有し、それを優先するために日夜、しのぎを削っています。

人生のハンドルを自分で握る

この本は、私が苦労して学んだことへ最短距離で到達できるよう導きます。

自分自身、毎日の生活、お金、人間関係に満足するためには、人生を行く車の運転席に座らなければなりません。助手席に座って、まわりの人に運転をお願いすれば、楽だし、時間も節約できるし、失敗もせずにすむ。でも、自分らしく充実した豊かな生活を送ることもできないのです。

実際、多くの人は人生の途中で誰かがやってきて背中を押して自分を変えてくれるのを待っている。でも、自分で変えることだってできるのです！　人生の主導権を取る絶好のチャンスです。『ビューティフル・マネー』は、あなたが人生の運転席に座りハンドルを操るお手伝いをします。

さあ、今すぐはじめましょう！

Contents
{もくじ}

Week 2

［第2週］

自分の心と向き合う 119

Week 4

［第4週］

お金を引き寄せるマグネットになる

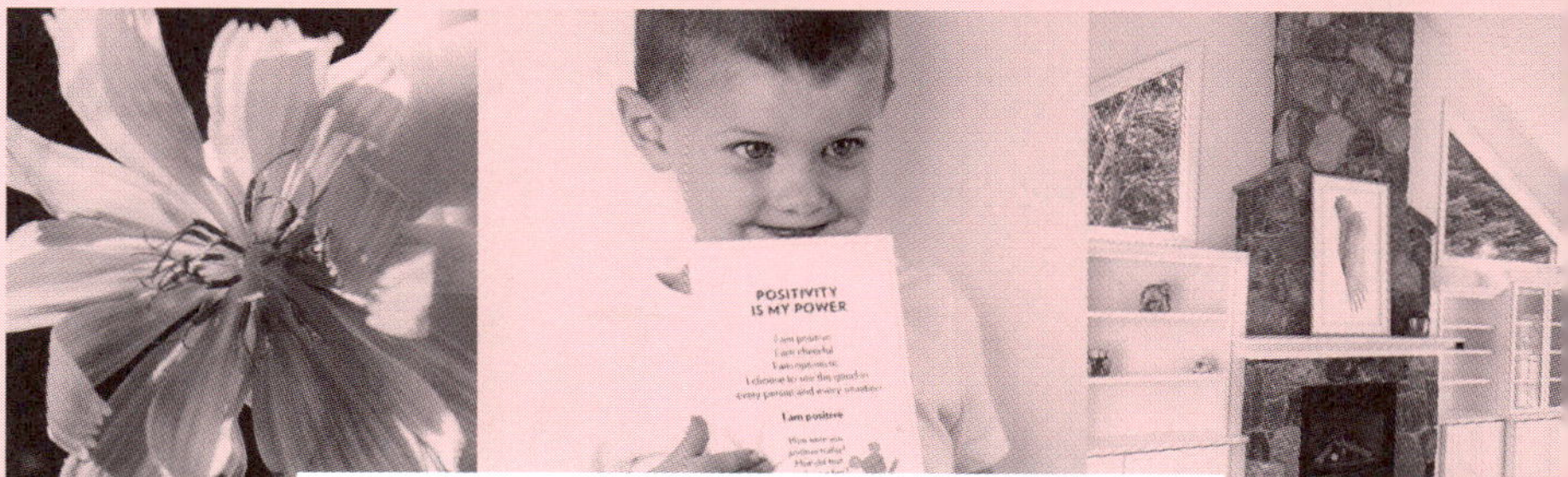

Week 1

第１週

整理整頓し、余裕のある空间をつくる

「ビューティフル・マネー」1週目のプログラムは、自分を見つめ直し、あなたの変革を邪魔するものは何かを見つけることから始まります。喜び、愛情、豊かさであなたの生活を埋めつくしたかったら、そのためのスペースが必要です。ところが、ほとんどの人の心も生活もカオス状態で、まずそこから変えていかなくてはならないのが現実です。

整理整頓することで、自分がもう必要としなくなったものを捨て、現状維持の居心地のよさと引き換えに、より豊かな生活ができるようになります。さらには、豊かになることを邪魔しようとするものを気づかせてくれます。

ステップ……1

「ビューティフル・マネー」の法則

このプログラムの特徴となっている基本の8つの法則を説明します。あなたが生活とお金の管理の仕方を見直せるように、また、もっと自覚して暮らせるように、アドバイスをします。

ステップ……2

自分の現在の生活と経済状況をクリアにする

あなたが経済的にどんな状態にあるのか、お金をどんなふうに使っているかを自己チェックしてもらいます。このセカンドステップでは、どんな結果が出ようと感情的にならず、客観的で冷静な態度でいる練習をします。ここで感情という荷物から解放されます。この荷物こそが、あなたが現実的でポジティブに変化しようとするのを阻んでいるのです。

ステップ……3 不要なものを手放す

あなたをイライラさせる受信トレイのメールを削除することから始まって、クローゼットのなかの着なくなった洋服の処分まで、大クリーンアップをしてもらいます。あなたは自分が必要としなくなったものを知ることができます。頭のなかと、クローゼットの引き出しを整理整頓すれば、あなたの身辺は感情的にも、精神的にも、物理的にも、スペースを広げられるはず——変化するのに必要な空間をつくり出せるというわけです。

ステップ

1

「ビューティフル・マネー」の法則

ビューティフル・マネー8つの法則

「ビューティフル・マネー」には魅惑的な8つの法則があります。どの法則も核となるのは、自分のお金に対する姿勢と、日々自分を意識して暮らす方法を身につけること。これらの法則を日常生活に取り入れると、あなたは真摯に生きられるようになり、精神的に満ち足りて、お金の心配から解放されるのです。

「ビューティフル・マネー」の8つの法則は、とても現実的です。この法則は、あなたとお金との関係を外側から照らし出したり、自分自身の内面を外に引き出したりするものです。**あなたがどのようにお金と接するか、お金をどんなふうにリスペクトしているか、お金についてどんな話し方をするか、どんな使い方をするか、間違った使い方をしていないか、といったことを探るのは、実社会でのあなた自身の本質を知るためなのです。**

また、お金自身が、お金とあなたとの関係を見直し、改善し、深めるための、先生となって指導してくれます。さらに、あなたの行動の引き金となるものを教えてくれるのです。「ビューティフル・マネー」の法則を日常生活に取り入れることで、私たちには何が大切で、何が不要かがわかってきます。

「ビューティフル・マネー」の法則に従えば、今まで頼りとしてきたけれど、今はもういらなくなったものをチェックし、同時にお金と私たちの関係を（そして、本当の自分自身との関係も）改善することができます。そのうちにこれからのあなたの生き方も見えてきます。

この法則はあなたとお金の関係を築き直す基盤となるのです。すると、他人のつくった成功の定義を気にすることもなく、もっと楽に生きていけるようになります。いつのまにかあなたにお金が集まってくる、というわけです。

第1の法則

お金は聞いている

あなたはお金についてどんなふうに言いますか？　使い方についてでは？　あなたの貯金については？

言葉はそれ自体エネルギーを持っています。お金についてネガティブな表現（たとえば、「もうからない」「貧乏」「お金がない」「けち」など）をしたとき、よい感じはしません。この言葉が口から出たとたんに、あなた自身の身体もまた好ましい反応をしません。

ところが、「私の財布はいつも空っぽ」などといった言葉を日常的に使っていると、私たちはこの感情に無感覚になり、その意味も気にならなくなります。長い間「貯金なんて無理」とか、「お金を稼ぐのは難しい」とか、「これからもお金に苦労しそう」などというフレーズばかり口にしているうちに、私たちの脳は、この言葉は本当だと思い込んでしまうのです。

この言葉が日常のものとなり、くり返し使われると、私たちは無意識にこれらの意味に一体感を持つようになります。そして、本当に貧しい、お金に苦労する人になってしまうのです。


言葉は、私たちの人格まで変えることがあります。言葉がテンションを下げているのにも気づかず、私たちはネガティブな言葉を口にしてもまったく平気になっている。思い当たることがあるうちに、改善していきましょう。

さらによくないのは、何年もの間、あるいは一生、私たちがこの言葉にふれ、慣れ親しんでしまうと、それが現実になってしまうこと。この脳のシステムは子どもにも受け継がれます。両親が、ネガティブな言葉をいつも口にしていると、子どもも同じ言葉を使うようになるということです。

「お金は聞いている」は、自分の言葉に正直になる勇気を持ち、愛情を持つということです。**使う言葉がお金との関係を決めているという事実を自分自身に気づかせるレッスンです。**

Work

ワーク 1 自分を振りかえってみる

・他人に自分の経済状態や資産についてどんなふうに話しますか？

・自分自身にはどう言いますか？

・あなたがお金に関してよく使う言葉はどんなものですか？

ワーク 2

あなたの「マネー・トーク」はポジティブですか？ ネガティブですか？

［自己チェック］ 1（まったくあてはまらない）から5（よくあてはまる）の5段階評価

項目	1	2	3	4	5
・お金のことでストレスを感じる	□	□	□	□	□
・貯金が十分ではないのではと不安	□	□	□	□	□
・頻繁に借金している	□	□	□	□	□
・お金が大切だと思わない	□	□	□	□	□
・お金の管理が苦手	□	□	□	□	□
・お金をたくさん持っていると怖い	□	□	□	□	□
・自分の経済状態を把握していない	□	□	□	□	□
・自分は豊かな生活にふさわしくない	□	□	□	□	□
・セールスが上手なのでお金を稼げる	□	□	□	□	□
・お金のために妥協して働いている	□	□	□	□	□
・お金のために長時間働いている	□	□	□	□	□

- お金持ちは苦手だ —— 1□ 2□ 3□ 4□ 5□
- お金持ちは自分と違う人種だと思う —— 1□ 2□ 3□ 4□ 5□
- お金は人を惑わせる —— 1□ 2□ 3□ 4□ 5□
- お金は友情を壊すと思う —— 1□ 2□ 3□ 4□ 5□
- 忙し過ぎて財テクをする時間がない —— 1□ 2□ 3□ 4□ 5□
- お金を増やす方法がよくわかっていない —— 1□ 2□ 3□ 4□ 5□
- 尊敬できる人がまわりにいない —— 1□ 2□ 3□ 4□ 5□
- 今の自分の状態は運命だと思ってあきらめている —— 1□ 2□ 3□ 4□ 5□
- お金のことでイライラしている —— 1□ 2□ 3□ 4□ 5□
- 豊かになれる素質がないと思う —— 1□ 2□ 3□ 4□ 5□
- お金がなくなるのではないかと不安である —— 1□ 2□ 3□ 4□ 5□
- 気分がむしゃくしゃすると、買い物に走る —— 1□ 2□ 3□ 4□ 5□
- 経済的に一人立ちできるか不安である —— 1□ 2□ 3□ 4□ 5□
- お金に関しては人に頼りきっている —— 1□ 2□ 3□ 4□ 5□
- お金のために睡眠時間を減らしている —— 1□ 2□ 3□ 4□ 5□

スコアを足してください。
そして、あなたのマネー・トークをチェックしましょう。

＊スコア：27〜55の人の評価

あなたはお金に関して聡明で寛容です。正しい道を歩んでいるので、そのまま続けてください。このプログラムはあなたがさらなる高み、さらなる聡明さ、さらなる自由を目指すチャレンジを応援します。

＊スコア：56〜90の人の評価

あなたは本当はもっと楽しく、満ち足りた気分で、お金とよい関係がつくれるはずなのに、精神面、感情面、物理的な面でのズレが、それを妨げているかもしれません。でも、素晴らしい将来は手の届くところにあります。悪い癖は捨てて、新しいものを取り入れましょう。

＊スコア：91〜135の人の評価

時間は待ってくれません。今からすぐに、お金とのつき合い方を変えましょう。今までの自分は忘れて、自分で決めた道を進みましょう。あなたはただ、過去の過ちをすべて手放すだけでよいのです。

新鮮でわくわくする始まりを受け入れられるように、頭と心をクリアにしましょう。そして自分には優しく親切に。あなたなら、きっとできます。

Work

自分のお金に関する口癖を数日間観察する

「マネー・トーク」のテストをした私のクライアントのベスは、テストの結果に愕然としました。思い起こせば、ベスは、友達にすぐランチをご馳走し、コーヒー代は必ず彼女が払い、家族と旅行するときのホテル代はすべて彼女もち――しかも、後で返してと絶対に言わないのです。彼女の口癖は、「だってたいした額じゃないし」あるいは、「家族が最優先よ!」とか「たかがお金じゃない」でした。

「マネー・トーク」テストをした後、ベスはお金を粗末に扱っていたことに気づきました。さらにひどいのは、自分自身も大切に扱わなかったということ。友達や家族に、立て替えたお金を返してと要求できなかったのです。

お金についての話し方を変えるには、自分が長い間人生を行く車の助手席にいたことを認めなくてはなりません。真摯に、誠実に生きる、自立した人生を選ばずに、自分たちの習慣とか、信じきっていたことを運転席に座らせて運転をまかせていたことに気づかなくてはなりません。

自分のお金についての話し方に気づいたベスは、みんなのコーヒー代を払うのをやめました。「最初はなかなか慣れなかったの」と、彼女は言いました。「でも、友達も家族もみんな喜んで自分のコーヒー代を払ったわ。一人の友達なんか、自分のコーヒー代は自分で払いたかったのと言ってくれたのよ！」

自分のお金についての話し方を数日間、観察してみましょう。

ポイントは、すぐに判断を下さないこと。数日、日常生活のなかで交わされる会話とか、あなたの考え方をじっくり観察してみてください。

改善の余地があると思うところがあったら、たとえばベスのコーヒー代のように、1カ所ずつなおしていきましょう。難しいかもしれませんが、**お金をリスペクトして、ポジティブな気持ちでお金に向き合うことを学ぶのは、豊かさと裕福な状態に近づく大事なステップとなるのです。**

第2の法則

正当な報酬を要求する

あなたは自分の報酬について、はっきりとお願いしたことがありますか？　あなたのスキル、知性、能力はどれくらいの価値があるでしょう？

大勢の才能あふれる起業家たちと仕事をしてきましたが、彼らの多くは自分たちの価値をお金に換算して支払いを求めるのに苦労していました。月給でも、時給でも、お金に関する交渉事にはデリケートな部分が多いのです。

私たちは自信家になったり、自分の能力をひけらかしたりしてはいけないと言われて育ってきました。そこで交渉のとき自分の価値をかなり下げて申し出るのが、礼儀で謙虚なように思われているのです。

クライアントのベスもまたこの問題に悩みました。これには彼女の夫も関係していました。夫が働いていた小売業者からベスは仕事を依頼されたのです。夫のアンディが、どのくらいの金額を提示したのか尋ねると、ベスは「いつも通り1時間150ドルよ」と答えました。アンディは彼女に、その金額はきっとマネージャーも驚くだろうと言い、1時間100ドルに下げたらどうかと提案しました。

でも、ベスは「ビューティフル・マネー」の法則に従って生活していたので、自分の立場を守り、通常の金額から下げようとしませんでした。マネージャーは少し値下げしたオファーをしてきましたが、彼女は自分の意志を曲げませんでした。ベスは自分の価値をはっきり述べ、それが正当だという理由で、金額を下げなかったのです。彼女自身も冷や汗の出る思いでした。

世界中の、無数の起業家や会社の間で、同じような話をしょっちゅう聞きます。私の法則はベスを後押ししました。「自分の仕事とビジネスに自信を持って、堂々とお金の交渉をしたわ」と彼女は言いました。「自分の真価をお金で計ってほしかったの」

「ビューティフル・マネー」の法則に従うと、その瞬間は嫌な思いをしても、あとで心地よくなるのです。

私が起業家としてスタートしたとき、一番苦手だと感じたのが自分の仕事に対する報酬の請求額を決めることでした。きまり悪い思いをせずに、品位を保ちつつ自分を売り込み、報酬を請求する方法を学びました。

数回、冷や汗をかいたのち、クライアントたちは、私が請求金額に値する仕事をしたと感じたら、進んで報酬を払ってくれているのに気づきました。さらには、クライアントのほとんどが、私の仕事を請求額以上だと気に入ってくれていることも知りました。

自分の報酬を割引して提供しても、誰の役にも立ちません。自分を安っぽくして、世間にいつでもバーゲンセールと宣伝しているようなもの。クライアントは「お得感」に気づかず、あなた自身は、自分の価値を下げているだけ。**時間をかけ、経験と信頼を得て、正当な金額を請求しましょう。**もしクライアントやボスがその金額に驚いて手を引いたら、彼らは大変な損失をしただけなのです。

お金のお願いの方法を変えることができたら、すなわち自分の価値に見合うだけの報酬額をきちんと胸を張って請求できるようになったら、収入が増えるばかりでなく、報酬に見合う自信もつきます。

「ビューティフル・マネー」の法則に従えば、あなたの収入は確実に増え、就業時間は減り、あなた自身には自信がつきます。

この法則があなたに贈る真のメッセージは、「お金と遊び半分でつきあってはいけない」ということです。

第3の法則

お金をリスペクトする

今まで、あなたはお金の扱いに対してあまり関心を持っていなかったと思います。でも、**今、まさにこの瞬間、お金をどう扱っているかで、将来あなたのもとにどれくらいのお金が舞い込むかが決まるのです。**もし、たくさんのお金を望むなら、今持っているお金をリスペクトしていることが大切なのです。

あなたの財布のなかがカオス状態で、請求書やレシート類がクシャクシャになって入っていたら、今が整理整頓のとき。今すぐに財布のなかと生活を整えましょう！新しい財布は縁起がよいと思ったら、即刻新しい財布にかえましょう。ディオールの財布にする必要はありません（でも、予算が合えば、ディオールの財布を買ってもいいでしょう）。

以前クライアントだったカイリーは、この法則を学んでお金の使い方を変えました。彼女は稼いだお金をすべて使い果たしてしまうことが悩みでしたが、自分で名づけた「お楽しみ貯金」ルール――1週間で強制的に10ドル残すというプロジェクトを実行することにしました。ただし必要経費は除外。

たとえば女友達とディナーを一緒に取るのは必要経費です。彼女との友情を温めることで交際費となり、食事をするのは栄養補給で食費。でも、一杯のグラスワインはどうでしょう？　必要ありますか？　ワインを我慢して、その分を「お楽しみ貯金」に。バスで行けるところを、めんどうでタクシーに乗るのは？　バスで行ってタクシー代を「お楽しみ貯金」に。朝、カフェに寄ってカフェラテを買うのは？　家で、ポットでコーヒーを淹れましょう。カフェラテ代は「お楽しみ貯金」に。ATMでお金を引き出すとき、ちょっと余分におろしちゃおうかな？　と思っても、おろすのはやめて、その分を「お楽しみ貯金」に。

「お楽しみ貯金」プロジェクトを始めて2週間もせずに、カイリーは銀行口座の残高に変化があったのに気づきました。カイリーはお金をリスペクトして大切に扱うことの重要性を知りました。意識してお金が使えるようになったカイリーは、不必要な出費を削ることができるようになりました。

お金をリスペクトできるようになると、手に入れたお金を増やす力も出てきます。「お楽しみ貯金」プロジェクトを2カ月続けた後、カイリーはふたつ新しい仕事を請け負いました。今までにないことです。彼女は興奮して、私のコースのクラスメートに成功の秘訣を話しました。**お金をリスペクトすれば自分へのよい影響力となり、稼いだお金をルーズに使えば悪影響を及ぼす、ということです。**

それではあなたも自分自身に聞いてみましょう。今までお金をリスペクトして暮らしていましたか？　もし、リスペクトしていなかったら、これからどんなふうにお金を扱えばよいでしょう？　お金に関して、そして、生活一般に関して、どんなところがルーズでしたか？

あなたの生活がルーズになると、お金の管理もルーズになってしまいます。あなたの美しく整理されたお財布に飛び込んでくる、コイン一個一個にも愛情のこもったキスをしましょう！

第4の法則
お金を追いかけない

西洋文化のなかに生きていると、たくさんお金を稼ぐことが一番大切で、成功の証《あかし》だと思わされます。その結果、週60時間以上働いたり、報酬がよいだけで好きでもない仕事についたりする人もいます。

もし、お金のためだけに働いているとしたら、それは偽りの生活をしていることになります。なぜかって？　あなたが心地よく感じていないからです。それなのに、とりあえず働こうとしている。私たちの多くは、そんな生活を続けています。

でも、今こそ、そこから一歩踏み出し、恐れを克服し、堂々と生きてみましょう。幸せで、満ち足りた人生を踏み出すときが来たのです。あなたの身体が、もっとペースを落としてと悲鳴をあげているのに気づいてあげてください。

多くの人が、成功を追い求めるあまり、残念な生活をしています。私は著名なビジネスパーソンで連続起業家、非凡な才能の持ち主であるゲイリー・ヴェイナチャックが成功について語っているこの言葉がお気に入りです。**「このご時世に、〝嫌いな仕事をしなくてはならない理由〟はない」**。でも、ほとんどの人が嫌いな仕事をしているのが現実です。

心の声に耳を傾ける

私たちがまるで興味のわかないつまらない仕事に時間を費やしているのは、ただ毎年の昇給、あわよくばもっと報酬の高い仕事、あるいは誰かの期待に応えるために、ぜひとも目的に達しなくてはとプレッシャーを感じているからなのです。

私たちが気づかなくてはならないのは、本当はやりたくない仕事を続けるというストレスまみれの生活は長続きしないということです。本当は私たちにも素晴らしい目的があったはず。でも、雑用に追われて忙しく、忘れてしまっている。まわりの親しい友達を見ても、みな大きなビジョンや目的を持つための時間や心の余裕を持っていないのがわかります。

実を言うと、お金を追い求めずに豊かに生きるというのは、すぐに行動に移すことは難しい。ちょっと無理、と思う方もいるでしょう。**大事なのは、あなたの人生なのに、人が決めた成功の定義のために競争する必要はないということ。**お金を追い求めたり、サバイバルゲームをしたりする必要はないのです。無意味なことはやめるように。たとえば嫌いな仕事をするとか、それが目的でもなく、何のメリットもないのに、ただゴールを目指すというようなことはやめましょう（次の法則で、そのことについてはお話しします！）。

そのかわりに、私たちに呼びかける心の声に耳をかたむけましょう。それこそが私たちが情熱を傾けられるものであり、確実に実を結ぶものなのです。

第5の法則

目的をはっきりさせる

整理整頓は「ビューティフル・マネー」のキーワード。

私たちのまわりには、いつも忙しそうな人が大勢います。でも、なぜ彼らはそんなに忙しいのでしょう？　オフィスに遅くまで残って仕事をしている友達がいるとしたら、その仕事が彼女の夢をかなえるための仕事なのか、あるいはただカオス状態の事務処理をしているのか、探ってみましょう。

そもそもの大きな間違いは、私たちは忙しいことが大好き、しかも忙しくなければならないと強迫観念を持っているということです。だいたい現代社会のほとんどの人は貧乏暇なしです。

とりつかれたように忙しく仕事をしている人が見失っているのは「何のために仕事をしているのか」という自分の夢や目標です。心が整理整頓されていないと、いつも自分の夢ではない「もの」を追いかけるようになってしまいます。「もの」が何なのかは、このままでは私たちにはわかりません。ホイールに乗せられたネズミのように、降りるすべもなく、ただくるくる回っているだけなのです。

しかし、**心と身のまわりの整理整頓をすれば、自分たちの望むものにだけ集中できるようになり、ほかのことには関心がなくなります。**

自分の限界を知ることが大切

「ビューティフル・マネー」プログラムで心の整理整頓ができれば、私たちのゴールは確かなものとなり、ほかの人たちの役に立ち、世界の人々を助けることができます。一方、積極的に整理整頓をすると、よい意味で自分の限界がわかります。この限界は「ビューティフル・マネー」を実践するのに欠かせないものです。

私たちの心と生活がクリスタルのように澄んでいると、波瀾万丈なドラマはあまり起こりません。なぜなら、美しく透明だとそんな出来事に関わり合う時間がないからです。人生における目的がはっきりすれば、その道の途中にある邪魔なものに注意が向けられるようになります。

目的地に向かって自分でハンドルを握る

人生の道をイメージするとき、どこにあなたが行きたいのか、あなたの目的は何かをはっきりさせることが大事です。

私たちの多くが、お金に関して沈滞していて、ビジネスでも、家計でも、ずっと同じ状態から抜け出せないでいる。それは安全なゾーンから脱出して、新しいことに挑戦するのが不安だから。

同じ状態が長く続くと、腰は重くなるばかり。こんなときは、それに気づき、殻を破る勇気がいります。人に「ノー」と言うこと、人を失望させること、人を喜ばせるのをやめることは、勇気のいることです。人生で、リーダーシップを握るのも勇気のいること。自分の意見をはっきり言い、自分の内なる声と大きな願望に寄り添って生きることもまた勇気のいることです。

こういった行動を起こさないと、いつまでも不安を持ち続け、可能性の芽を摘んでしまう――「こぢんまりと生きる」ことに甘んじてしまうのです。ほかの人にあなたの人生を描かせ、指図させたらどうなるでしょう？　考えてみてください。あなたの人生の運転席にいるのは誰？　あなたのボスですか？　あなたのパートナーですか？

あなたの友人ですか？　あなたの同僚ですか？　あなたを忙しくさせているスケジュールですか？

長年、「ビューティフル・マネー」プログラムを実施して気づいたのは、誰もがそれぞれの道を歩んでいるということ。私はそこに口出しをしてはいけないということでした。人は、ときどきはストレス、カオス状態、困惑も経験する必要があるのです。

しかし、**未来にはっきりとした目標を立てると、日々の習慣や行動を変えることができます。**整理整頓や目標ができていないと、将来につながる道も見えません。考え方やライフスタイルを変えられないので、豊かな人生をつくることができません。

第6の法則
心の声を聞く

私たちはいつも人生のハンドルを握っていなくてはなりません。でも、いつも力いっぱい握りしめているのではなく、ときとして力を抜いて心のままに運転することも必要です。

私は、人が素晴らしいかどうかは、その人の行動が物語ると信じているので、じっと座ってゆったりしているのが苦手。でも、私の場合はヨガが救ってくれました。さらに、ウォーキング・メディテーションという歩きながらの瞑想法が私のようなじっとしていられない人には、うってつけであるのを知りました。

過去には大きな失敗も経験しています。2014年に新しい仕事を始めてから、日々そのプロジェクトを成功させるべくがんばっていました。そのとき、1歳半の乳児がいて、さらに第2子を妊娠していました。休息を取ったり、毎日の生活やマタニティライフを楽しんだりなんてもってのほか。エンジンをフル回転させて馬車馬のように働いていました。

家族を大事にすることには時間をさいていましたが自分のプロジェクトも大事で、そのしわ寄せが家族にきていたのです。多忙な日々。いつも走って、無理を通して、がんばり続けていました。その結果、仕事仲間とも意見が対立して弁護士まで介入し、プロジェクトの完成は遅れるばかり。

私の心と身体のバランスが取れていないというサインは、山ほど出ていましたが、そんなことにかまっている暇はありませんでした。身体は、休みを取るようにと言っていましたが、私のなかのがんばり屋さんが、何があってもプロジェクトを完成させ、「することリスト」の項目をすべてチェックし、ゴールまで行くようにと私を励ましました。私は1年間突っ走っていました——でも、していることは空回り。だからこのプロジェクトは途中で立ち往生してしまったのです。さまざまな兆候が見られましたが、私はとにかく自分のやり方を貫きました。そこで、誰もが犯す過ちをしてしまいました。心の叫びに耳を傾けなかったのです。

スローダウンすることを覚えましょう

心身の声を聞かず、とにかくやらなければと考えてばかりいると、不安、怒り、焦りはつのるばかり。否定的なひとりごとを言ったり、自分をコントロールできなかったり、悪い結果をみな自分のせいにして、自分を責めたりということがよくあります。すべて恐れが原因なのです。

私たちは、とかく「このプロジェクトさえうまくいったら」と思います。本当は前に進むだけが望みではないし、前に進むことでストレスも感じ、不幸になることだってあるかもしれないのに。それなのに、私たちは「することリスト」から終わったことを消し続けようとするのです。ばかみたい！「恐れ」はこう言います。「忙しくなかったら、あなたの仕事もあなたの人生も下降線をたどるね」と。

「することリスト」の項目に全部チェックしたとして、それが何なのでしょう？それは旅に出たのに、「観光すべき場所」のチェックリストを埋めるためだけに歩き回るようなものです。そんなの素敵な旅と言えるでしょうか？ただ疲れて、フラストレーションがたまるだけ。いつも緊張していて、頭の中は次の目的地のことでいっぱいなのです。

常に行動していないと不安な人たち。ただ自分で自分のおしりを叩くだけで、いっこうにうまくいかず、燃え尽き症候群気味のあなた。一歩後ろに下がって力を抜くときです。

もうひとつよい例は、突然風邪をひいたり、インフルエンザにかかったりすることがありますね。こんなときも、力を抜いてみましょう。これは働き詰めのあなたに、少し休みを取りましょうと身体がサインを出しているのです。

力を入れて動きっぱなしにならないように、ときにはスローダウンさせましょう。常にバランスを保つことが大切です。それをマスターするのは難しいことですが、心と頭を通じ合わせる方法を学んでください。心は、実は頭よりずっと賢いのです。

第7の法則

与えれば必ず得られる

人生において、欲ばりになるとき。たとえばもっとお金が欲しいとか、成功したいとか考えるとき、えてして「どうしてもっとお金が入ってこないのだろう?」という疑問を抱きがちです。あるいは、「どうして彼女の持っている能力が自分にないのだろう?」、「なぜ、もっと大きな家に住めないのだろう?」、「どうして、昇進したのが僕でなくて彼なんだ?」、「こんなに働いているんだから、もっと給料が上がってもいいはずなのに」など。こんなとき、私たちは自分を被害者に仕立てあげているのです。**自分を被害者にするのはもうやめましょう**。自分がリーダーシップを握り、行動するのです。こんなふうに思ってはどうですか?

「私は昇進したい。この会社で、もっと重要な役職につく用意はできているって、どうやって上司に示せばいいだろう?」

「もっと友達が欲しいと思っているの。どうすれば、彼女とよい友達になれるかしら？」

すべて自分本位でなく、相手を優先させるという哲学に従っています。ときには自分に問いましょう。「今日はこの地球で何か役に立つことをしたかしら？」。こう考えたとき、あなたの思考はすでに得ることから与えることにシフトされています。

自分が欲しがってばかりだと気づき、もっと美しい心を持ちたいと思ったとき、私はこんなことをしています。ひとつは、素敵な音楽を聞くこと。心を豊かで寛容にしてくれます。もうひとつは、尊敬している大好きな人に会いに行くこと。その人たちは、決して人のうわさをしたり、ジェラシーを抱いたりしません。きらきら輝いていて、真摯で、私をぞくぞくさせてくれる人。彼らといると自分がよい人になった気になります。

多くを望むなら多くを与える

私たちは、自分の人生のリーダーにならなくてはいけません。多くを望むなら、多くを与えましょう。

キャリアをステップアップさせたかったら、後輩に指導をするのはどうですか？上司や同僚に、あなたは昇進の準備ができていることを知らせるのです。もっと友達を増やしたかったら、すでに仲のよい友達と、さらに誠実に真摯につきあってみてはどうでしょう。友達の輪を広げる素敵な最初の一歩となります。また、ちょっと落ち込んで、自分のことばかり考えている日が続いたら、自分のゴールに向かって着実に歩んでいる友人に会いに行きましょう（彼女があなたよりずっと素晴らしいポジションにいてもかまいません）。そして、彼女の夢が実現できるような手伝いをしてはどうですか？

あなたにできることは小さなことかもしれないけれど、決して無駄にはなりません。さあ、すぐに実行しましょう！

何か人に与えることができると、一日の最後にその日が素晴らしい日だったと思うことができます。私たちが自分の身に起きたことをうまく解決したと教えてくれます。「言い訳」をしないように導いてくれます。人はよい結果を出すか、言い訳をするかのどちらかです。なぜなら、その両方を一度にはできないから。インスパイアされ、目的を持ち、整理整頓のできた人は、言い訳をする暇もありません。「ビューティフル・マネー」の法則を実践している人もそうです。

大切なのは、与えていると意識せずに、与えることです。与えれば、自分に返ってきます。私たちはそれぞれ自分の問題を抱えながら生活をしていても、世界のために何らかの形で、贈り物をしています。日々の私たちの行動はすべて世界への贈り物となるのです。

与えれば、必ず得られます。だから、私たちは、時間と、お金と、考えは、気前よく与えましょう。**忘れてはならないことは「与えれば与えるほど、それだけたくさん受け取ることができ、しかも、とても感謝して受け取ることができる」ということ。**

第8の法則 心で導き、手本で導く

知識は素晴らしいですが、知恵はわくわくします。人に教えることで生計を立てている人、不言実行タイプの人たちからは学ぶことが多い。彼らはちゃんと目的を持ち、意義のある生活をしているからです。

会社を辞める直前に、車で旅行してソフィーに会いに行きました。田舎にコテージを買ったので遊びに来てと招待されたのですが、驚くことばかりでした。ソフィーはヨガパンツに、素敵なトップス、スカーフを巻いて現われ、驚くほどに洗練されてシックに見えました。髪は自然のまま、メイクもしていません。それなのに肌はぴかぴかで輝くばかり。セクシーでのびやかでした。彼女は、田舎に長年の夢だった、心地よさそうなコテージを買ってオフィスとして使い、流行のビジョンボード（アメリカ女性に人気の、自分のやりたいことや行きたいところを紙に書いて貼り付けるボード）をおいて、マントラを唱えていました。デスクのすぐそばにはヨガマット。ここで一日中、いつでも好きなときに、ヨガと瞑想ができるようになっていました。やがて、二人で腰をおろすと、彼女は一から始めて成功させたビジネスについてすべて話してくれました。途中で、私はがまんできずに彼女の話を止めて言いました。「今、あなたがしていることの話はもういいわ。でも、お願い！　私も参加させて！」

私たちは、大好きな人、たとえばソフィーにだってなれるのです。私たちの多くは不幸にも成功ばかり追いかけてうまくいかず、フラストレーションをつのらせています。だから、機会を見つけて、友達や家族、まわりの人たちに、ほかの道もあることを教えてあげましょう。

「ビューティフル・マネー」の法則に従って生活していると、まわりの人たちに、自分自身の道を切り拓き、満足感を得て、しかも以前より富と豊かさを手に入れるお手本になれます。よい例となってみんなを導いてあげられます。心を込めてていねいに、シンプルに生活することは究極の美です。これが本当の生き方なのです。

ステップ

2

自分の現在の生活と経済状況をクリアにする

自分の生活と経済状況に関して正直になる

「ビューティフル・マネー」プログラムを実行するために必要な次のステップは、**自分の生活と経済状況に関して、自分自身に正直になること**。私の素晴らしい師匠の一人は、豊かになるための大切な第一歩は、自分の現在の状態をクリスタルのようにクリアにすることだと教えてくれました。

何年にもわたって多くのクライアントに出会ってきましたが、彼らに共通して見られるのは、現在の自分の経済状態と向き合うのを恐れているという点です。自分たちの借金やカードローンなどの借入金額の合計を紙の上に表わすと考えただけで、戦慄を覚えるようです。何年にもわたって返済しているローンの金額が一体いくらなのか目をつぶるのは簡単です。それが証拠に多くの人が、自分の経済状態に気づかないふりをしようと決め込んでいます。

実は、豊かになれるかどうかは、スターティングポイントをクリアにすることで決まるということを、多くの人は気づいていません。自分の経済状態をつぶさに、しかも正直に自分自身で把握するのです。それが、お金とあなたの関係を変化させる、前向きで、健全、しかもパワー溢れる第一歩となるのです。

自分の経済状態と真正面から向き合うのは、あなたがあまり銀行口座の残高を気にしないタイプだと、ちょっと怖いかもしれません。私もかつて同じでした。でも、自分の現在の状態をクリアに知ることが自信につながるのだと今は確信しています。

このステップでは、現在のあなたの正確な経済状態の図式をつくります。純資産を調べ、現在の経済状態を数字で表わすのです。どんな部分で今後資産を増やせるか、また、どんなところにお金をかけているかも見てみましょう。すると、あなたは資産を増やせる部分に神経を集中させることができます。

どんな結果が出ても自分を責めない

経済状況をクリアにすると、見たくない現実を見ることにもなるでしょう。でも、**恐れを抱いたり批判したり、過去のことで自分を責めたりしないように。過去の**

過ちにとらわれず、豊かな生活というゴールに向かって大きく飛躍することだけを考えること。それは自分への挑戦でもあります。

ステップ2を実践するときには、自分にとことん優しくしてあげることが大切です。やり過ぎということはありません。あなたの予想以上にローン残高が多かったり、貯金が少なかったりしても、深く息を吸って自分に優しくなりましょう。決して自分の過去を責めないこと。どこで人生が狂ってしまったのだろうとか、本当は素晴らしい富を得ていたはずなのに、失敗したのは何が原因なのだろうと考えてはいけません。

過去に起きてしまったことで自分を責めたり、こんなはずではなかったのにと考えたり、くよくよ悩んでいる暇もありません。結果として出た数字をかみしめる間は冷静でいましょう。

あなたの財政診断でよい結果が出てホッとしても、純財産が悲観的なことがわかって心配になっても、どちらにしても感情があらわになります。これはノーマルなことで、むしろ予想通りと言えます。

ステップ2のポイントは、自分の感情を客観的に観察し、過去の自分を責めるので

はなく、ただ現在のお金の数字を受け止めることなのです。感情に左右されずお金に意識を集中させることには忍耐力と鍛錬が必要です。でも、時間をかければどんどんうまくできるようになります。

*「ビューティフル・マネー」ひとくちメモ

経済状態を調べてパニックになりそうな気がしたら、前もって自分のまわりに、幸せな気分になれて、リラックスできるものをおいておきましょう。

計算を始める前に、あなたのお気に入りのＣＤとか陽気な雰囲気を醸してくれるものを準備しておくといいでしょう。オーガニックのアロマキャンドルを焚いて、緑茶などいれたら最高。

さあ、すべてをクリアにして何を知らされてもわくわくする環境は整いました。あなたの経済状態が数字に表われたとき、かなり厳しい状況とわかったら、いつもあなたを笑わせてくれる大好きな友達に電話をしましょう。

「恐れ」を自覚する

私たちは本来、ポジティブで自信にあふれ、素晴らしい生活と富を手にする資格があります。前向きに考え、健全な選択をしようとしています。ところが、現実には「恐れ」という感情が私たちの行動に大きな影響を与え、選択を誤らせるのです。

あなたが仕事を続けるのは、その仕事が大好きだからですか？　それとも、夢に本気で挑戦するのが怖いと思っているからですか？

あなたが今のパートナーと一緒にいるのは、空気のような存在だからですか？　それとも彼（彼女）を熱烈に愛しているから？　それともひとりぼっちになるのが怖いからですか？

あなたが毎日忙しくしているのは、そうでないと何もかも失いそうな気がするからではないですか？

あなたが愛想がいいのは、嫌われるのが怖いからではないですか？

多くの人は、ポジティブな気分とネガティブな気分を行ったり来たりしています。ポジティブなサイドで安定しているのが理想ですが、ほとんどの人が両極を行ったり来たりして、結局ネガティブな部分に落ち着きます。

このことについて私が説明するとき、サーモスタットの話をよくします。家庭で使われるサーモスタットは、一日中温度を一定に保とうとします。外気温にかかわらず家屋の温度調節をすることができます。外がどんなに暑くても寒くても、屋内はいつでも快適な環境を保つことができます。私たちもこうありたいものです。

一方、温度計はどうでしょう。周囲の暑さ寒さの影響を受けて、上下の動きが激しく、定まりません。まるで私たちの不安定な精神状態のようです。私たちは、日々、この感情の動きをコントロールできずに暮らしています。内側の温度をどうコントロールしてよいかわからない。すると精神的にも感情的にも消耗してくる。感情はジェットコースターに乗っているかのような動きを見せます。

「ビューティフル・マネー」のゴールはもっと穏やかに生きることです。目盛りの両サイドの間で激しく動かないように安定した生き方を目指します。サーモスタットのように。温度計ではなく。

常に「私はまだまだ足りない」と思いながら仕事をしていると、消耗しつくしてしまうのは時間の問題。オフィスに遅くまで残って仕事をしていなくては、あるいはプロジェクトはできるだけどれにも参加しなくてはキャリアに悪影響があるとか、入ってくるお金が減ってしまうとか、いつも不安に駆られています。期待されている行動を取らなくては、職場の人に嫌われるか受け入れてもらえなくなるというのが本音でしょう。

ほかにも恐れを感じる社会的要素はたくさんあります。これらの恐れは、人生のあらゆる場面で、私たちを惑わせます。もちろんお金に関しても。

「お金に困りたくない」という恐れに突き動かされる

どこを基準にお金が少ないと判断するのでしょう？　本当にお金に困った状態がどんなときか決めるのは難しいです。私は、大金持ちでなくても豊かな暮らしをしている人を大勢知っています。また、大金持ちなのに、精神的にも、感情的にも、豊かな暮らしができていない人も知っています。

「ビューティフル・マネー」プログラムの豊かに生きるポイントは、幸せに、調和を保ち、常に感謝の気持ちを忘れずに生きることです。あなたが恐れを基本に生活しているか、豊かさを基本に生活しているかは、自分の気持ちに耳を傾ければすぐに見分けられます。あなたは幸せですか？　それともいつも怒っていますか？　あなたはいつも緊張していて辛いですか？　それともいつも柔軟でオープンマインドですか？

多くの人は自分の所有しているお金が十分ではないと感じています。その結果、常にお金を追い求めることになるのです。私のクライアントたちのなかにも、自分の銀行口座にたくさん貯金がありながら、それでもまだ足りないと思っている人がたくさんいます。十分にお金がないという不安が、人をお金を追い求めることに駆り立てるのです。この不安を乗り越えるのに必要なのが、心と身のまわりの整理整頓です。

「嫌われたくない」「お金に困りたくない」など、恐怖の状態にいると、その行動や選択は本当の自分の行動ではなくなります。反対に満ち足りた状態にいると、自信がわき、人から信頼されて、本当の自分を出しきることができます。

私たちはロボットではないので、生活には浮き沈みがあります。でも、できれば、愛情、人とのつながり、喜び、豊かさを頭と心で同時に受け止められるようになりたいものです。難しいかもしれませんが、それも可能になると私は信じています。私たちは、愛され、最高の人生を楽しめることが約束されています。あなたには十分その能力があります。

こんなふうに生きるあなたをイメージしてみてください。心と頭をオープンにして生きる毎日って、どんなでしょう? 希望に満ちた思考回路を持つと、あなたはオープンマインドになります。しかし、そのぶん、危険にもさらされやすくなりますが、それを受け入れる勇気を持ちましょう。

愛と信頼に満ちた毎日を生きるのが私の願いです。でも、私もときどき欠乏感に襲われることがあります。喜びを感じられないときは、あえてまわりに気前よくしたり、いつもよりたくさん感謝したりします。フラストレーションがたまっていたり、落ち込んでいたりするとき、感謝したり、気前よくしたりするのがつらいときもあります。でも、これは試練だと思って続けることに意味があるのです。

本書を読み進めてもらえれば、あなたの頭を柔軟にする方法をお教えします。これを知ると、恐れに振りまわされる生活から解放されます。

でも、今は、日々を愛情と豊かさを感じて過ごす練習を。さあ、私たちは、この地球上で平和に、愛に満ちて、自信を持って生きるように生まれてきたことを思い出しましょう。

＊「ビューティフル・マネー」ひとくちメモ

もし、あなたがまだヨガをしていなかったら、「ビューティフル・マネー」プログラムを実践しながら、ヨガのクラスを週に1度か2度、予定に加えることを検討してみてください。このプログラムで練習していることと、ヨガのクラスで習う心を空っぽにして体に神経を集中させる方法を同時に行うと、あなたはもっと早く変われるでしょう。ダンスもまた、「ビューティフル・マネー」プログラムの素敵なパートナーになれます。優美でなめらかな動きは、体から淀んだエネルギーを発散させ、細胞を浄化します。

ヨガ以外でもよいので、「ビューティフル・マネー」プログラムに、日課として運動を取り入れましょう。学びながら体を動かすと、知識が正しく体のすみずみに届きます。すると、学んだことを体で感じ、より早くマスターすることができます。

あなたの資産はどれくらいですか？

では、あなたの資産がどれくらいあるのか、見ていきましょう。

個人の資産価値を計算することは大切です。忘れてならないのは、ここでの目的はあなたの資産をクリアにすることです。正直に、現実を見つめましょう。感情的にならないように。自分を責めている暇はありません。自己批判したり、自分を呪ったりするときではないのです。自分が好きだったら、計算を正確にしてください。現実から目をそらそうとしている自分に気がついたら、優しくしてあげてください。

私は自分の純資産を、年ごとの私の指導評価と考えています。また、クライアントには自分の純資産は毎年計算するようにすすめています。すると、自分の生活状態をしっかりと自信を持って、建設的に把握することができるからです。

毎年計算される純資産を、前年度、前々年度のものと比べてみましょう。自分自身がよくわかります――どれくらいお金を持っているかだけではありません。「ビューティフル・マネー」プログラムは、毎年純資産を増やすことにも焦点を当てます。お金が増えるのはもちろんのこと、数字を伸ばすことで私たちも人間として変化し、成長していくからです。

あなたが自分の純資産をどんなふうにイメージしようとも、もうすでに純資産は決まっています。あなたに知ってもらうのを行儀よく待っているのです。**「ビューティフル・マネー」プログラムのこのステップでのゴールは、現在の自分の経済状況を明らかにし、スタート地点をクリアにすること。**これがうまくできると、私たちは最終的な目的と、それまでの建設的な過程にすべてのエネルギーを集中できるようになります。

「ビューティフル・マネー」プログラムをマスターすることで得るのは、お金だけではありません。プログラムの過程でつちかうしなやかな強さとリーダーシップ。そして、自分の可能性。さらには、マスターしたあと私たちに向かって開かれるドア。「ビューティフル・マネー」プログラムを極めるには真摯であること、正直であること、弱点を認めること、勇気を持つこと、自分自身を愛することが必要とされます。

*「ビューティフル・マネー」ひとくちメモ

カップルは、共同預金口座と個々の資金を上手に使い分けましょう。結婚していたり、あるいはパートナーと暮らしていたりする場合は、個人としてと、カップルとしてと、それぞれの純資産を計算しておきましょう（あなたのパートナーが「ビューティフル・マネー」プログラムに参加していなくても、計算はしておきます）。

あなた個人の純資産を計算したら、共同預金口座に上手に分け、それぞれの財産と負債がよくわかるようにしておきましょう。こうしておくと、あなた個人の経済状態とカップルの経済状態が一目瞭然となります。同じようにして、経済上のゴールを定めるときも、カップルとしても利益を得られるようにして、個人のゴールを設定しましょう。もしも、あなたたちカップルのどちらかの目的がもっとたくさん旅行をすることだったら、年に1回旅行ができるように、そのための口座をつくって二人で貯金をするとよいでしょう。

「ビューティフル・マネー」純資産計算方法

この方法は、あなたの純資産のおおよその額を出すものです。もしもっと正確な査定を望むのでしたら、フィナンシャルプランナーの資格を持ったプロの人に相談してください。

- **全財産ー負債＝純資産**

- **全財産に含まれるもの**

現金（銀行普通預金、定期預金、投資信託）
退職年金
株券
債券

家屋・土地
自営業であれば、会社の価値
自家用車の価値
美術品、コレクション、宝石、売れそうな家具

・**負債に含まれるもの**

住宅ローン
自動車ローン
学資ローン
クレジットカードの残金
未払残高（たとえば未払いの税金とか）

悲観的な数字が出てもショックを受けないように。学資ローン、住宅ローン、そのほかのローンが積もり積もった額を提示して、落ち込むクライアントは大勢います。個人資産についてのブログ『シンプル・ダラー』には、こう書かれています。大変重要なので覚えておきましょう。「負債のひとつを小さくするか、財産のひとつを大

きくするかで、純資産は増えます。ですから、早く負債を払い終えて、貯金をし、投資をしましょう。出費はできるだけおさえるようにして」。まさにこれが、「ビューティフル・マネー」プログラムで奨励していることなのです。

前にもお話ししたように、純資産が計算され、その数字が出発点なのだと知ると、過去の自分を責め、反省したくなります。でも、あなたが今すべきことは、このクリアになった出発点に立って、計算された結果を有効に使うことなのです。

最初の1週間でもっとも大切なことは、お金に関して私たちが持っている習慣、癖、信念を徹底的に調べる時間をつくり出すことです。もう必要ないものがわかれば、それらをあっさりと捨てられます。すると素晴らしい幸運と豊かさのためのスペースができます。私たちの経済状態が健全かどうか、数字で分析することは大切です。同じようにして、持っているお金そのものを数字にすることも必要です。

「ビューティフル・マネー」幸運スコアカード

私たちのスタート地点を、感情面、精神面で調べる素晴らしい測定方法が、「ビューティフル・マネー」幸運スコアカードです。「ビューティフル・マネー」プログラムを始めたら、毎週末ごとにこのスコアカードをチェックすることをおすすめします。その週の結果を以前の週の結果と比べると、その変化がよくわかります。

今週のあなたの答えは、スターティングポイントに立ったばかりの答えであることを覚えておきましょう。

このスコアカードは楽しんでチェックしましょう。過去の行いを責めたり、批判したりする必要はありません。あなたはしだいにレベルアップしていき、「ビューティフル・マネー」のさらなる階段をのぼっていくのですから。

Work ワーク3 あなたが以下の文の通りなら、□にチェックを入れましょう。

□ 私の考えは、いつもクリエイティブで、前向きで、感謝の気持ちが込もっている
□ 自分の目標を、明確に、責任をもって、心と情熱を込めて、書くことができる
□ 日々の行動は目的達成につなげるよう心がけ、常に目標を意識し、ぶれないようにしている
□ お願いすることがあったら、さらに多くをお返ししている
□ まわりの人たちを元気づける行動をしている
□ 自分のエゴではない目標を持ち、それを人に伝えられるようにしている
□ 自分のことは自分で処理し、自尊心を持っている
□ 自己批判したり、人と自分を比較したりせず、自分自身に優しくありたいと思う
□ 頭を柔軟にして、オープンマインドで、愛にあふれた日々を送るようにつとめている

Work

□ 私はモチベーションが高い

□ ほかの人に助けを求めたり、手本を示してほしいとお願いしたりすることもあるが、基本的には人生の運転席に座って、自分でハンドルを握っている

□ 朝、目覚めたとき、インスパイアされてさらに新しくなり、成長している自分を感じる

□ 私は力を抜き、自然に身をまかせて生活している。そして、日々、感情と自分自身が一体となっているかどうか、気にかけている

□ 必ず毎日、一人になって心と身体の声に耳を傾けている

□ 私の純資産は毎日増えている

□ 私はお金の管理が得意だ

□ 現金主義に徹するように努力し、不必要な出費、好ましくない出費は最低限におさえている

□ 自分の経済状態の変化は毎日チェックしている

□ 日々、結果を重視し、言い訳をしない

□ 自分が何にエネルギーを使っているかよく知っている

「ビューティフル・マネー」お金の追跡調査

毎日のお金の使い方を追跡調査しましょう。あなたがどんなふうにお金を使っているか、どういう使い方があなたのためになるかを知ることができます。あなたが豊かな生活をするのを邪魔しているものが何なのか、まずはお金の使い方の調査から把握してみるのです。

お金の流れを1週間追跡調査すると、あなたの経済状態をさらに客観的に見ることができるようになります。また、どこでお金を不必要に使っているか、整理整頓すべきところはどこなのかを特定してくれます。

1週間にわたり、あなたが使うコイン、一枚一枚まで追跡してください。必要経費、レジャー費、ATMから引き出したお金、銀行の手数料、子どもに使ったお金、食料品を買うのに使ったお金、何もかもです。レシートは必ずもらって、ノートあるいは家計簿を購入し、そこにすべての金銭の出納を書き入れてください。銀行口座の自動引き落とし、定期購読も含みます。

このリストが完成したら、もうひとつ追跡調査リストをつくってもらいます。3本の線で区切って表をつくり、「必要経費」「経費」「贅沢費」と書き込んでください。

・必要経費

一般的ルールとして、「必要経費」は、あなたが払わなくてはならないもの。たとえば、学資ローンとか、住宅ローンの類です。

・経費

「経費」は、個人個人で違います。たとえば子どもの学用品と衣服、食料品、生活必需品（石鹸、ペーパータオルなど個人の健康維持に必要なものなど）はこのカテゴリーに入ります。

・贅沢費

「贅沢費」は必要のないもので、これが人によっては、借金のもととなります（スマートフォンのニューモデル、ルブタンの靴など)。必要のない衣服の購入、料理が面倒というだけの理由で外食したり、テイクアウトのファストフードを買ったりすること、子どもに必要以上に玩具を買うことなどなど、あげたらきりがありません。興味のなくなった雑誌や有料オンラインメディアを惰性で購読するのも贅沢費です。

支払いをカテゴライズするときは、直感を使いましょう。「必要経費」は一目瞭然ですが、「経費」と「贅沢費」との境界線はかなりあいまいです。たとえばオーガニックの食品は値段がちょっとお高めですが、あなたに必要なものであれば、「経費」でかまいません。住居は、収入に見合わないラグジュアリーなマンションに住んでいなければ、「経費」で大丈夫。私の場合は、家計が大変だったときも、健康維持の食品と運動のための出費は優先的に「経費」としていました。本当に私に必要だったから。そのかわりに、衣服のショッピングと外食を控えました。

だいたい6カ月ごとに家計簿と追跡調査リストを照らし合わせ、ちゃんと軌道に乗っているかチェックしましょう。あなたが無頓着にお金を使うタイプだったら、毎週このチェックをするように。

ステップ……
3

不要なものを手放す

身体の内外のおそうじをする

第1週は、整理整頓をしてあなたのまわりをすべてクリアにするのが目標です。ステップ3では、いよいよ行動に移していきましょう。

「ビューティフル・マネー」プログラムに私が目覚めたとき、今まで着ていた衣服、使っていた家具、車をすべて手放しました。日々、「もの」に執着を持たない訓錬を行っています。心が穏やかでクリアになっていて、整理整頓された広々としたところにいられれば、私はいつも幸せです。私のまわりでものが散らかっていたり、汚れていたりすると、気分は落ち込み、心はザワザワします。

着なくなった衣服でふくらんでしまったクローゼット、戸棚のなかに大量にストックしてあるジャンクフードも、散らかった状態の象徴です。毎日、午前中にメールボックスに届くたくさんのメールもためておくと散らかり放題に。散らかしておくことは、不健康で害になるばかりです。

また、散らかった状態というのは、感情や精神にも起こることです。散らかしておいたばかりに、重要でないことにあなたの貴重な時間を使うことにも。「ノー」と言いたいのに、「イエス」と言ってしまうことも。仕事上の予定を入れ過ぎて、あなたの生活のほかの部分にしわ寄せがきたりします。

散らかっているとどんな気分になるでしょうか？　あなたの心と身体が一体になっていると、レンガを呑み込んでしまったように、重苦しく感じます。身も心も美しく、身軽に飛び回れるはずのあなたを、重い足かせでつなぎとめてしまいます。「ビューティフル・マネー」プログラムを始める前、私の体内には恐れと不健全な感情のエネルギーがたまっていました。そこで、身のまわりの不要なものをすべて捨て去ると、何と私の体重も2～3キロ減りました。身のまわりの不要なもののおそうじをしただけで、私の身体の不要な脂肪も減ったのです。

美しい音楽は音符と音符の間にできる空間です。**豊かな人生を手に入れるために、身のまわりの不要なものを処分するのと同時に、心と身体のなかに空間をつくり**

ましょう。

一歩引いて、自分に与えられた素晴らしいもの、これから出会う偉大なものに心から感謝すること。私たちは人生のなかで、突き進むばかりでなく、計画を立てたり、ゆっくり休憩をしたり、感謝したりする時間を取ることも必要です。そして、今、この瞬間の自分を見つめることも。生きていることを実感するためには、心と身体のなかにスペースをつくっておかなくてはならないのです。

私のクライアントの多くが、このスペースづくりと距離のとり方のプロセスで目からウロコが落ちるような体験をしています。

「ビューティフル・マネー」プログラムのおそうじ

このエクササイズの目的は次のようなものです。

- **必要ないもの、ネガティブなものを手放す**
- **あなたの心と身体の荷物を軽くする**
- **素晴らしいもののためのスペースをつくる**

「ビューティフル・マネー」プログラムでの課題のひとつ、整理整頓は、私のクライアントのほとんどが必要としていることです。

多くの人は、素晴らしいものをたくさん所有している人が立派な人だと考えます。たくさんものを持っている人は、それだけ成功を収めていると。だから、他人から見て立派な人だと推察できる高級品などを手放すのは難しいかもしれません。私は個人的には片づけが大好きです。ものへの執着を断ち切る練習となるから。でも、これは急な坂を登るようなきつい仕事です。特に、片づけに慣れていない人や、仕事が忙しい人には大変でしょう。

「ビューティフル・マネー」プログラムの整理整頓は生活全般が美しくなることを目指しています。この整理整頓の基準を厳しくするかゆるくするかは、あなた次第です。ときめかなくなった服や靴を捨てることからスタートすると、わりあい簡単に始められます。状態がよいものは寄付したり、オークションに出したりするとよいでしょう。バスルームのキャビネットを開けて、期限が切れたり、もう使わなくなったりした化粧品類を捨てるのは私の好きな片づけのひとつ。

整理整頓しただけで、広い空間ができるのには驚かされます。私は定期的に洋服類を捨てたり、寄付したりしています。作業をしているとき、あなたが追求する美のためのスペースをつくっていることを忘れないように。

作業の途中でときどき、手をとめて自分の心の内側を見てみましょう。あなたのかつての悪い習慣で、今もまだ続いているものはありますか？　以前のあなたならきっとしていたネガティブな考え方はしなくなりましたか？　ネガティブな考え方をする家族や友人で、あなたと気持ちを分けあっていた人は、今もあなたの理解者ですか？**片づけをするときは、いろいろな角度からあなたの生活を考え直してみましょう。**ウェブの世界ばかりのぞくのはやめて。メールのチェックの必要がない週末には、受信トレイを見ないこと。するときっとあなたの頭はクリアになります。

これらの整理整頓は、モノ、仕事、習慣、人間関係など、たくさんの角度からチャレンジすることが大事。上手に要領よく片づけをすればするほど、あなたは変われます。

また、継続することも大切です。毎週日曜日を片づけの日としてはどうでしょうか？　そして、あなたの世界が変わっていくのを実感しましょう。

片づけチェックリスト

では、実際にどんなものを捨てればよいでしょう。たとえばですが、次のアイデアを試してみてください。

- □ もうお気に入りではなくなった衣服、靴、アクセサリー類
- □ 使いかけてやめたり肌に合わなかったりした化粧品類
- □ 賞味期限切れや添加物でいっぱいの加工された食品
- □ 肌が荒れてしまう洗剤
- □ もう読まない本類、雑誌類、その他紙製品（ダイレクトメール、手紙類）
- □ がらくた（車の中、オフィスの中、家の中、庭のごみ）
- □ 散らかっているところ（どこでも――身体、精神、感情など）
- □ ダラダラとテレビを観る時間

□ ネガティブな表現（あなた自身について、他人について）
□ 自分のキャパシティを超えた約束、詰め込み過ぎのスケジュール（私がするわと、やすうけあいする）
□ ゴシップ、うわさ話（悪趣味なゴシップは気分が悪くなるだけ）
□ 最新テクノロジーとIT機器
□ もう使わない子どものおもちゃ
□ 家財（家具、車、船――あなたがもう使わないものなら何でも）
□ メールボックスの中のメール（仕事用と個人用）
□ 健全でない人間関係
□ ものおきの中のもの（あなたが本当に必要としない家庭用品）
□ 子どもの頃の宝物
□ あなたを落ち込ませるネガティブでつまらない考え

人をコントロールするのをやめる

ここでは、「片づけチェックリスト」とは別に、捨てるべき習慣や考え方について考えてみましょう。ひとつめは、生活のなかでコントロールし過ぎるということです。あなたがコントロールしたいことは何でしょう？

愛する人をコントロールしたいのか？　仕事に関してコントロールしたいことがあるのか？　生活のなかの、どこを細かいところまでコントロールしたいのか？

たとえば、私のクライアントで多いのは、自分のパートナーの行動を逐一知りたいという人。あるいは子どもの行動はすべて把握していたい、部下がどれくらい成果を出しているか常に知っていないと気がすまないタイプの人。

彼らのほとんどは時間を浪費しています。なぜなら他人というのはたとえ親子でも、コントロールはできないもの。そんなことに頭を悩ます時間があったら、もっと生産的なことに時間を使いましょう。無駄な時間を一掃して、空いた時間に創造的な活動をするのです。コーヒーブレイクにしてゆったり過ごしてもよいでしょう。自分を見つめ直す時間にあててもよいですね。

他人をコントロールしようとせず、あなたは自分の人生と、そこでベストを尽くすことにだけ責任を持てばよいのです。

母親として私も、日々これを実践しています。私たちには、子どもたちが幸せであること、彼らが安全でいられることに責任があります。彼らが自分たちの知力を伸ばそうとする力をつぶしたり、邪魔したりする権限などかけらもないのです。子どもたちはまだ小さいかもしれません。でも、私たちの教師になることだってあるのです。

私は毎日、たくさんのことを彼らから学んでいます。彼らの世話をしているなんて思ったこともありません。彼らが持っている個性を伸ばすように道を開き、私自身の考え、判断、計画などを押しつけて邪魔したりする気持ちなど毛頭ありません。子どもたちを信じているし、彼らの賢さをリスペクトしています。

コントロールをやめると信頼が生まれる

人をコントロールしたがるのは恐れが原因です。もし自分が彼らから手を離したら、きっと何かが崩れていくと思っているのです。常に見張っていないとうまくいかないのではないかと心配なのです。

しかし、人の問題を、まるで自分の問題であるかのように抱えていると、いずれその重荷で身動きが取れなくなってしまいます。部下や家族を細かく管理しているとストレスや悲劇を引き起こし、つまらないトラブルに巻き込まれかねません。

まわりの世界を信じ、味方だと信頼してそこに身をゆだねることは、心の安らぎを得ることにつながります。身のまわりの出来事はすべて一大アドベンチャーで、どんな経験もよい学びだと思えば、手放すのも楽になります。人生を歩むとき、私たちはみな生徒であり教師なのです。ただ、ときどき生徒であることを忘れたり、自分たちにも教えることがたくさんあるのを忘れたりするだけなのです。

お金に関しても同様に、私たちは人生におけるある部分を常に管理していないと、手からすべり落ちていきそうな気がして、必死でコントロールしようとします。でも、それがひとりよがりになってしまうと要注意です。

たとえば一家の家計の管理。結婚していたりカップルだったりすると、一人がお金の管理をするのがふつうとなります。二人が共同で家計にお金を入れ、使うときは相談していれば、特に問題はありません。

しかし、どちらか一人だけで家計を管理したり、相手に渡すお金を厳しく制限したりしたら、お金に関しては二人の間に信頼関係があると言えません。この不信感が二人の関係にも影響してきて、ほかの場面で問題を引き起こす、ということは想像に難くありません。

こんなときは、**お財布を握っている人は、二人で使うものに出費するとき、相手の意見も聞くようにしましょう。**すると二人の間の信頼関係は修復され、それぞれのプライドも傷つくことなく、小さな王国として家族の結束が強まります。これはよくあること──お金に関してばかりでなく、家事や子育てに関しても同様です。

私たちがコントロールしようと思っているものをどうやって手放すかは、ステップ②で学んだ通り、力を抜くのです。いつも、コントロールばかりしていると常に力が入っている状態になってしまいます。まわりと調和し豊かに生きるには、私たちは手を離して世界に身をまかせなくてはならないのです。

他人をコントロールしなくてはならないと思ったときには、心と頭を空っぽにして、その人の問題から手を離しましょう。それはその人の問題。あなたのものではないのです。

＊「ビューティフル・マネー」ひとくちメモ

まわりの人をコントロールするということに大いに思い当たるあなた。あなたが、心配でコントロールしなくてはならないと思っているものを、片っぱしから書き出してリストをつくってみてください。

そして、自分に質問してみましょう。私はこれらのことについて何をやめさせようとしているのかしら？私は何を恐れているのかしら？

また、あなたが相手をコントロールするのをやめたら、どんなことが起きるかも、自分自身に聞いてみてください。

コントロールすれば成功するというのは、大きな勘違いです。実際は、コントロールさえやめれば、そこには輝くばかりに美しく、幸せにあふれて、ふわふわ浮かびそうなほど身軽になったあなたがいます。そんな経験はきっと今までになかったでしょう。

身体の細胞からきれいになる

さぁ、次はあなたの身体について整理整頓しましょう。あなた自身の身体をきれいにするのです。人間は一面的にできているのではありません。私たちが食べるものは、考え方や感じ方にも影響を及ぼします。自分の身体をどれくらい大切に扱っているかで、まわりの世界の見方も変わってきます。

ある人が、乱れたライフスタイルをしていて、銀行口座は借り入ればかり、負のスパイラルに巻き込まれていると、きっと身体は細胞レベルでストレスを感じているはず。アレルギー、喘息、体中の炎症などを引き起こす慢性疲労、自己免疫疾患などの症状が出ます。

身体と頭と精神はつながっています。私たちの身体は数十兆もの細胞からできていて、それぞれの細胞は常に清潔で、身軽になりたくて、混乱状態から無縁でいたいと思っています。身のまわりを整理整頓するだけでは限度があります。外の世界から素晴らしい結果を得たいと思ったら、身体のなかからも変えていく必要があります。毎日の日課として身のまわりをきれいにするように、自分の身体も清潔に保ちましょう。すると驚くばかりの効果が表われます。

何年か前、私は炭水化物と砂糖に依存していました。そこで、これをやめようと、パントリーから加工品や砂糖のたっぷり入ったお菓子、ジャンクフードを一掃することを自分に課しました。それはわりあい簡単なことで、その過程では自分がとても健康的に感じました。たまにジャンクフードが、どこからかパントリーに舞い戻ってくることもありましたが、長くはそこにいませんでした。定期的にパントリーを整理整頓するというだけで、自分がとてもヘルシー志向で、自分の身体を大事にしている気がしました。しかも、驚くほど気分がよかったのです。

私が一番苦労したのはダイエットコーラへの依存を断ち切ることでした。でも、「ビューティフル・マネー」プログラムを実践している間に、ついにこの悪い癖もやめることに成功しました。

身のまわりも身体も、整理整頓して清潔にすると、あなたの身体の細胞があなたに

語りかけるようになります。細胞たちは、あなたが飲み物一滴、食べ物ひと口、含んだだけでどんなふうに感じたか話しかけてきます。

気難し屋の舌が素晴らしいと反応するものを選びましょう！　あなたは、日々、一瞬一瞬を、自由で身軽に感じたいとひたすら願うでしょう。まさに今、生きていることを実感したい、と。

身体からキレイになる15のコツ

いつもクライアントに伝授する、「ビューティフル・マネー」プログラムを早くマスターするコツを15項目並べました。どれもすぐ簡単にできるものばかりです。

1　朝起きたらレモンを浮かべた水を飲む（お湯で飲むと、さらによい）

消化器系を優しくなだめながら目覚めさせ、活発に動かすことができます。

2　自分の身体のどこかにキスをして、「愛してるわ」と言う

もしもこれが初体験だったら、最初はちょっと戸惑うかもしれません。でも、細胞はあなたの言うことを聞いて、「愛してるわ」という言葉に反応し、目覚めるのです。

3 ヒマラヤソルトを溶かしたバスタブに、毎日か1日おきに20分浸かる

私の経験から、これは身体の細胞からも感情からも毒素を取り除いてくれるのに最高。私はソルトにラベンダーを混ぜています。

4 オーガニックのエッセンシャルオイルを買う

洗濯物に、バスタブに、掃除用洗剤に、そして身体に一滴たらすだけで、リラックスできます。

5 家に花を飾る

花は美のエネルギーと幸せを運んでくれます。フレッシュな生花がいいでしょう。

6 清潔で、禅的な雰囲気をつくる

メンタル面での整理整頓をすることができ、創造性を高めることができます。

7 カフェインを制限するか、やめる

どうしても飲みたくなったら緑茶を飲みましょう。

8 食事に気を使う

果物、野菜、種、木の実、健康的な油脂などをメインにしてみましょう。

9 毎日フレッシュジュースを飲む

特にグリーンジュースがおすすめです。

10 毎日、細胞を活性化させる

運動など身体を動かすプログラムを始めてみましょう。

11 ハーブティーを飲む

カモミールとバニラが私のお気に入りです。

12 創造力を磨く時間を毎日つくる

少なくとも毎日30分はやってみましょう。

13 毎日歩く

最低30分は歩くように意識しましょう。

14 朝と就寝前、少なくとも5分間瞑想する

それだけで、あなたの生活は秩序を保ち穏やかになるでしょう。

15 洗濯洗剤、ボディ・ヘアシャンプー、食品は、成分が天然由来のものを選ぶ

身体と気持ちを美しくしてくれます。

身体のなかと身のまわりを整理整頓すると、あなたの生活に驚くほどのスペースができます。すると、あなたはものの見方と、行動の仕方が少しずつ変わってきたことに気づき始めます。もう役目を終えたものを片づけるだけで、やる気が起きて、みるみるうちに整理整頓ができていきます。

いい人をやめる

ほかにも、あなたの生活をすべての角度から見つめ直しましょう。どの部分がまだ役に立って、どの部分が捨てるべきなのか見分けるのは難しいものです――特に、あなたが役に立たなくなったもの、アイデア、人間に囲まれていると。

この項目で行うエクササイズはみんなから好まれ、楽しくできて身のまわりをきれいにするのにうってつけです。

「やりたくないのにしていること」を書き出す

あなたの生活のなかで、義務感からしていることをすべて書き出し、リストにしましょう。行動でも、仕事でもなんでもすべて、あなたが本当は嫌いで、腹立たしく思い、したくないのに、しかたなくしていること。あるいは、緊張するし、ストレスもたまり、腹立たしく思い、憤りを覚えるのにしていること、などです。

私の場合は、今、人を喜ばすことをやめようとしているところです。今まで、みんなに、何でも「イエス」と言ってきました（身体は「ノー」と悲鳴をあげていても）。また、「もちろん、私がやるから大丈夫」といつも言っていたのです。すると仕事は山積みになり、この生活をやめて二度と誰も私に仕事を頼んでこない遠くの島に越してしまいたいと思うのでした。

何十年もの間、他人に喜んでもらおうとがんばってきたおかげで身体は緊張しっぱなし。その結果、私はいつも不幸せで、イライラして、フラストレーションのかたまりみたいになっていました。

実は、私は心の奥底では人から嫌われたくない、ひとりぼっちになりたくないと思っているのだと気づきました。そこでもう一度、人に対する反応の仕方を学びました。どうすれば人をがっかりさせても嫌な感じを与えないか。するとたとえ「ノー」と言っても、自分が思うほど嫌がられていないことを知りました。私にとっては過酷なレッスンでしたが、よい勉強になりました。硬くなっている脳を自由にしなくてはなりませんでしたが（脳はいつもよい子であるとは限りません）。

また、境界線をきちんと引いて、いつまでも保ち続けるべき友情かどうか自分で判断をしました。「ノー」と言って、人をがっかりさせても平気でいられる練習をくり返すうちに、自分を大切にする方法を学びました。

私は、今ではジョークのようにこう言えます――「私がよい人だったときはね、きっとみんなにそうしていたと思うわ」。心を開いて自分の気持ちを大切にしながら人も大切にする方法を学んだのです。

するとストレスになりそうなこととか、喜びを感じないことはしなくなりました。つまらないこととか、世界（あるいは自分）に役に立たないことにどっぷりつかるのは身体に害をもたらします。

何度も精神的なダメージを受けた後、ようやく私の身体に積もりに積ったフラストレーションと怒りは、結局は自分自身がつくったものだと悟ったのでした。そして手放すということを知ったのです。人生の、次の章の扉を開く準備がようやく整ったのでした。私はただ、自分のまわりにはっきりと境界線を引いただけなのです。

リストができたら見直しましょう。**私たちの多くは本当の自分も、自分が人生に期**

待していることが何かもわからず、そんな自分とうまくやっていけないでいる。このバランスの取れない状態があなたの身体に大きな影響を及ぼし、緊張を高め、負のスパイラルに巻き込んでいるのです。心と身体が整理整頓できていないと、ある日、突然ぷつんと切れ、大声で叫びたくなります。本当に我慢ができなくなり、最悪の場合は人生をあきらめるということも。

このようなネガティブな考え方から抜け出して、ポジティブで明るい見方ができるようになりましょう。自分に役に立たないもののリストをつくり、自分を見直すことは大きな前進のための第一歩。それと同時に、私たちが行動に移って、わくわくするような新しい習慣を取り入れるのに、とても重要なのです。

数年前、アレックスというクライアントの相談にのっていました。彼女はふたつの仕事を同時にしている気がすると、欲求不満をつのらせていました。

彼女は在宅で仕事をしていて、主婦として家事もしていました。彼女は夫から、家の掃除をして、毎晩夕食を準備して夫の帰宅を待ち、家事は手を抜かないようにと言われていました。「夫は私が一日中働いていると思ってないみたい」と、彼女は私に言いました。「夫は朝、散らかった家を出て、夕方、きれいに片づいた家に戻ってくるわ。しかも、レンジには温めればいいだけの鍋がのっている。彼は私が一日中何をしていると思っているのかしら？　私が、料理をして、掃除をして、その上仕事までする魔法の杖でも持っていると思っているのかしら？」

やがてアレックスは夫に憤慨するようになりました。私はアレックスに、自分の本心を打ち明けなさいと言いました。アレックスは言われた通りにしました。すると夫のマットは、大変ショックを受けました。

「僕は何もわかっていなかったんだ」と彼は言いました。「きみには時間がたっぷりあるんだとばかり思っていた」。もちろん、アレックスにはたっぷり時間などあるわけないのです！

アレックスは自分のフラストレーションのもとを探り、マットが望んでいた家事のスケジュールを大幅に変えることに成功しました。

これはほんの小さな例にすぎません。でも、このエクササイズをすることで、自分の望む人生を送ることを邪魔しているものに光を当てて、はっきりとそれが何か知ることができるようになるのです。

モノへの執着を手放す

お金、身のまわり、そして心と身体の整理整頓はできたでしょうか？　なかなか大変な作業ですね。無理せず、小さなところから始めていきましょう。

会社に勤務していて、身も心もずたずたになってしまったとき、私は自分の所有していたものは何もかも売りさばきました。でも、みなさんはそこまでする必要はありません。

私と夫は冒険が大好き。真新しい、クリーンなところからのスタートが大好きです。7年おきくらいに一大クリーンアップをしています。二人とも、新しい再スタートのために今までに数回、持ち物を売り払いました。自由は感じますが、地道とは言い難いと思います。みなさんは、自分にあったやり方をしてみてください。

私と夫は根が気ままなので、縛られていると感じると、すぐに解き放たれ、すべてクリーンにして自由になりたくなるのです。これはみなさんが、本当に自分がよくわかっていて、うまく自分と向き合えるのでなければ、おすすめできません。これは極端な例ですので、みなさんは衝動的に一大クリーンアップなどしないように。まずは、小さなところから始めて、クリーンにしたときの感じを味わってください。

「ビューティフル・マネー」プログラムの目的は、自分がしがみついているものを手放し、前に進むために自分自身の価値を改めて見直すことです。具体的には、所有欲を断ち切って、その人の独自性と自尊心を取り戻すこと。

しがみつくのをやめる練習をしていると、モノは人生に入ってきて、出ていくのだと改めて知ります。あるときは大金持ちになったかと思うと、あるときは貧困に陥ったりということも。あるときはやる気満々だったのに、あるときは絶望のどん底に落ちてしまったり。よいときもあれば、悪いときもあるのです。

でも、私たちはよい波が来たらそれに乗ることができます。自分がその波の一番高いところにいるのも感じられるのです。

いつも満ち足りていると、ふと気づくと、自分が手放していることに気づきます。過度にお金にしがみつく必要はありません。お金はどんどん貯まっていくものです。モノに執着するのは、それがなくなったときのことが心配だからです。モノに価値を求め始めると、時間がたつにつれ、ゆがんだ価値観は本来持っている、花開くはずの私たちの能力に対する自信をむしばみ始めるのです。

「ビューティフル・マネー」プログラムを実践するということは、満ち足りた生活を生み出すことなのです。私たちは、本来満ち足りた人生を送るように生まれてきていることを知りましょう。

そして、人生は常に変化し続けているということも知ってください。お金が足りなくなってきたら、そこでいったん終止符を打ちましょう。お金がたくさん貯まり始めたら、そこでも終止符を打ちます。毎日、毎日、一分ごとに起きることは手放していくのです。すると、もっと大きなあなたの将来の絵が見えてきます。

手放す勇気を持つのは、最初は難しいかもしれません。西欧社会はモノにアイデンティティを求めることをすすめてきたからです。でも大事なことから目をそらさないように。**私たちが唯一取り戻すことのできないものは時間なのです。**お金を失ったら、さらに稼げばよいのです。家を失ったら、新しい家を探せます。パートナーを失ったら、また恋に落ちることも可能です。仕事を失くしたら、新しい職探しを。でも、失った時間は、二度と戻ってきません。代わりの時間はないのです。時間はあっという間に去っていきます。

人生の浮き沈みは誰にでもあること。**運命が私たちの味方をしてくれていると信じて、もうモノに執着しない、モノを手放しても生きていけるという自信が持てれば、私たちは次の段階に向かう準備ができています。**人生においてもっと素晴らしいものに手が届くところに来ているのです。これは「ビューティフル・マネー」プログラムの力に助けられて手に入れたものです――強制的に教えられたのではなく。

このエクササイズに予定表はありません。あなたが心穏やかなときにするといいでしょう。そうじをしている間は、心地よさと心地悪さのはざまにいます。少し緊張と不安も感じるかもしれません。

私はクライアントに、捨てるものと残すものを判断するのに迷ってしまい、イライラしてきたら、休憩を取りましょうとアドバイスしています。この選別は難しい仕事です。でも、悩めば悩むだけの価値があります。

＊「ビューティフル・マネー」ひとくちメモ

みなさんが、すべての整理整頓をしようと思うと、その膨大な量に立ちすくむでしょう。どこから手をつけてよいかわからないと思います。私は、クローゼットから始めるのが好きです。でも、みなさんそれぞれ思いつくものがあるでしょう——たとえば大そうじ、事務所のいらないものを捨てる、ただごみを捨て、子どものいらなくなった玩具類を捨てる、など。

私のクライアントたちには、頭の片すみのどこかにいつも、そうじしなくてはと気になっているところがあるようです。それが正しければ、その場所こそがあなたを悩ませているところで、そこからそうじを始めるとよいと思います。それはクローゼットかもしれないし、悲惨なことになっている車のなかかもしれません。あなたの生活のその悲惨な部分に近づくのが恐かったら、小さなところから始めて大丈夫。誰かに助けを頼んでもかまいません。

まわりの雑音を遮断する時間を持つ

私のクライアントたちの多くは、まわりの人々から感情面、精神面で大きなストレスを受けているようです。**職場の同僚の要求や、家族や友達の期待がネガティブな気持ちに拍車をかけているようだったら、少し休憩しましょう。**

メールボックスのメールは削除する。ソーシャルネットワークは無視する。スマホの着信音をオフにする。もっとよいのは、スマホの電源を数時間（あるいは、あなたががまんできる限り長く！）切っておく。常にスマホとつながっていると、気の休まらない、重苦しく陰鬱なエネルギーをつくり出します。いつも着信の通知音を待っている状態では、なにごとにも集中できません。

もしあなたもこの状態に近かったら、数時間、すべてのテクノロジーから離れて、他人の織りなすドラマから身を引いてみてください。メールボックスは空にして、ソーシャルメディアの通知音は消しましょう。友人か同僚からの本当に重要なお知らせだったら、また連絡してくれるはず。

また、**あなたが一緒に時を共有したいと思う人は誰か、特にあなたの親しい人たちのなかでは誰か、今一度考えなおすよい機会です。**あなたのまわりの友人や家族のなかに、あなたの気持ちを少しも浮きたたせてくれず、あなた自身一緒にいても心地よくなくて、二人の関係をあなたと同じくらい大切に思っていない人がいたら、エネルギーと時間の無駄づかいをするのはやめましょう。

リスクの高い人間関係というのは、ほおっておくと困難な立場に追い込まれたり、不安に感じたり、一方的に頼られたりするものです。彼、あるいは彼女に賛成してもらうために、ご機嫌を取ったり、気を遣って行動したり、小さくなって生活したりしているように感じたら、それは時間の無駄。あなたの時間とエネルギーはもっと有効に使いましょう。

手放すための8つのレッスン

豊かさをつくるというのは、人生と同じで、途切れることなく、流れていくことです。マインドフルネス（頭と心を空にする）、ヨガ、瞑想と同じように、「ビューティフル・マネー」プログラムもまた行うこと自体に効果があります。

手放すための実践方法には8つのレッスンがあります。どの項目も、私たちが自己を認識し、自分の感情と精神状態を知るサポートをしてくれています。そこで、私たちはさらにマインドフルネスになれ、日々手放すことを実践できるようになります。

8つのレッスンは、ステップ①の「ビューティフル・マネー」の法則と合わせて実践すると、私たちが変化し、整理整頓でき、豊かな人生に通じる道を歩むための基礎をつくってくれます。

① 深呼吸をする（鼻から吸って口から吐く）

自分の呼吸に注意を向けるようになると、緊張したり、ストレスを感じたりするたびに、いかにしょっちゅう息を止めているかを知って驚くと思います。過酷な1日を過ごしたり、とてもストレスを感じたりしたら、数回深呼吸をして身体を浄化してください。きっと楽になります。

② 一日の始まりと終わりに、毎日5分間、静かに座るか、瞑想する

静かに座る。電子機器にはふれず、音も出さない。脳の働きを止め、批判したりせず、ただ目の前で起きていることを観察する。頭のなかに考えが浮かんできても、空を流れる雲のように、やり過ごします。毎日、10分間、瞑想のための時間をつくりましょう。この簡単な瞑想で、心がどんなに変化するかを知ったら、驚くでしょう。

③ 恐れ、心配、批判、緊張を手放す

恐れ、心配、批判、緊張を感じたら、そのもととなっているものを探り、私たちの人生から断ち切る方法を考えてください。すると否定的な考えは影を潜め、豊かなもののためのスペースが広がります。

4 寛容で柔軟であること

私たちが抵抗しようとするものは、私たちにもあくまでくいさがります。私たちが頑固な考えや行動にしがみついているのはどこの部分か知り、その部分からそっと離れる方法を学びましょう。そして、人生で手に負えないもの（ほとんどがそうですが）をなんとかやり過ごせるように、常に柔軟な姿勢でいること。

5 身体、心、精神に、日々の生活と愛情から栄養を与える

あなたの身体にも心にも、同じように意識して栄養を与えるように。あなたの食べたものは、考え方、感じ方と密接なつながりがあることを忘れないでください。

6 あなた自身とあなたのまわりの人たちを愛する

数年前、クライアントからフォーチュンクッキーをいただきました。おみくじには、シンプルにこう書かれていました。「きみには最高のものがふさわしい」。そのときから、このおみくじをずっとコンピューターのモニターの上に貼っています。決して満足せず、上を目指すように。

自分をいたわり思いやることができず、前向きでない人は、まわりにも悪い影響を

及ぼしていると言えます。

7 もっと流れに身をまかせ、もっと力を抜く

どんなとき、力を抜けるでしょうか? それは自分で気づいたときです。私は毎日、自分がちゃんと脱力できているかどうかチェックします。慣れてくると、どの部分に力が入り始めたかすぐわかります。

そんなとき、深呼吸、瞑想、ヨガを使って、力を抜き、流れのよい状態にもどすように鍛錬しています。この本は、流れに身をまかせて書いたよい例です。無理やり書いたり、書くように促されたりしたわけではありません。

お金を稼ぐため、プロジェクトを完成させるため、誰かを喜ばせるために、無理を強いられたとき、私たちの身体は緊張し、力が入ります。完璧に流れに身をまかせたときは、私たちの身体は、心やすらかに、穏やかに感じるでしょう。

もしも不調を感じたら、身体を楽にしてもとの流れにもどしてあげることが大切です。ヨガ、深呼吸、瞑想をしましょう。

8 あなたの持っているもの、あなたの行く手にあるもの、すべてに感謝する

感謝というのは、惜しみなく与え、世界が永遠に私たちに関心を持っていることを感じ取る、人間の天賦の才能です。そして、感謝することで、人間が幸せになるためのものすべてを手に入れることができます。

毎日の生活で、「ビューティフル・マネー」プログラムを実践すれば、さらにマインドフルネスになれ、自分にも意識を向けられるようになります。そればかりではなく、最初の1週間で、部屋は片づき、スペースは広がります。シンプルであればあるほど、うまくいきます——そして、さらに楽しくなります。

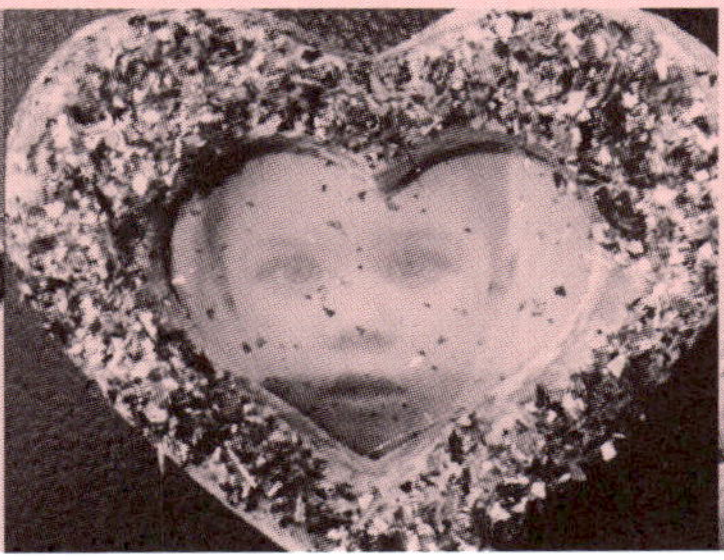

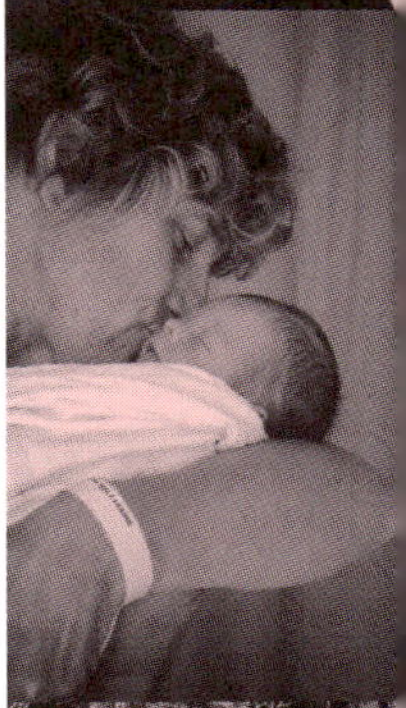

Week 2

第２週

自分の心と向き合う

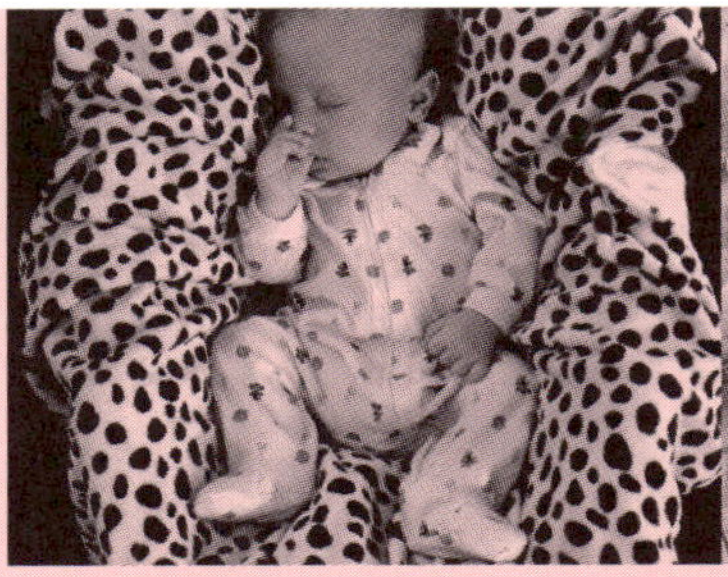

第2週では、あなたが本当に大切にしたいものを見つけ出すお手伝いをします。そして、さらに重要である、考え方をシフトさせる方法も一緒に見てみましょう。あなたの世界観を広げ、自信を育てるための方法をご紹介します。

ステップ……1 「自分が本当に大切にしているもの」を見つける

本当の自分に正直になり真摯に向き合うためには、自分が一番大切にしているものを見つけ出す必要があります。

大切にしたい価値観を4つ見つけ、自分の人生の目的と向き合い、ビジョンボードにまとめるまでの作業をします。「ビューティフル・マネー」プログラムのとても大切な過程です。

ステップ……2 恐れを克服する

私たちの誰もが経験する「恐れ」を克服する方法を学びます。「自分にそんなことができるわけがない」「失敗したらどうしよう」「挑戦しないほうがいい」というようなネガティブな考え方を改め、その考え方に引きずられないようにどのようにシフトしていくか。そのための方法やツールをご紹介します。

ステップ……3

期待する勇気を持つ

私たちは、あるものを手に入れたいと望みます。でも、望んでいるだけでは、前に進みません。ゴールに目指すものと、自分自身の大切なものがひとつにつながっていないと手に入らないのです。期待することによってやる気が起きて、期待する方向へと進むのです。

本当に豊かになりたいと思ったら、欲しいものが何か明確にします。なぜそれが欲しいかもはっきりさせ、その欲しいものが手に入ることを期待する。それから、そのゴールに向かうために必要なアクションを起こすのです。

第2週では、自分の考え方をしつけ直しコントロールすることで、自信が持てるようになり、行動も変わるのだということを教えます。

ステップ……1

「自分が大切にしているもの」を見つける

「大丈夫」を抜け出す

私は毎日のように、自分の仕事が嫌い、月曜は憂鬱、ボスにも同僚にも腹が立つ、という人たちと話をしています。会社を休みたいという理由で妊娠し、家で子どもと過ごしていると言う人たちとも話したことがあります。

やりたくないことをしながら日々過ごしている人たちの多くは、現代人が陥りがちな「大丈夫（素晴らしくはないけれど悪くはない）」なライフスタイルに落ち着いてしまっています。

仕事や家族についての愚痴を言いながらも、「大丈夫」な生活から抜け出せないのは、なぜでしょう？

それは、自分自身の幸せに対する責任から逃れられるから「大丈夫」なのです。あるいは、かなり満足はしているので「大丈夫」なのです。あるいは、自分のまわりの人を非難すればよいので「大丈夫」なのです。自分が夢見たこと、あるいは自分が計画したことに届かなくてもいつでもいくらでも言い訳ができるので「大丈夫」だし、不平を言っていれば心穏やかなので「大丈夫」なのです。誰もが「大丈夫」なところで落ち着いているので、自分もそこに加われば「大丈夫」でいられるのです。

でも、「ビューティフル・マネー」プログラムに参加するのであれば、「大丈夫」では十分ではありません。むしろかけ離れています。

第2週では、自分たちのまわりの世界の見方を変えることを学びます。そのためには、自分たちにとって何が重要かを明確にする必要があります。「大丈夫」に生活できるところに落ち着くのは信じられないくらい簡単です。そこで、私たちは、時間も、家族も、情熱も、楽しみも、犠牲にしてお金を稼ぐために働きます。幸せや満たされた思いを顧みずに、うわべだけの成功を求める生活を築くのは簡単なのです。

そう、それはまさに20代の私の送っていた日々でした。しかし、自分を変える準備ができたら、居心地のよいところから抜け出て、「大丈夫」な場所とはお別れすることに気づかなくてはなりません。

私たちが「大丈夫」な状態を過去のものにする最初の突破口は、自分たちにとって一番大切なものが明確にされたときに開かれます。**本当に素晴らしい人生にするためには、欲しくないものに時間を使うのをやめ、嫌いなことをするのはやめましょう。**過去に属するものはすべて放棄し、現在の一部となっているものだけ残しておきましょう。あなたの役に立たなくなった言葉も、あなたにとって害になるだけの人も、悪い習慣も、あなたのものでなく他人の要望や願いもすべて破棄してください。

「大丈夫」なものを捨てると、「素晴らしいもの」のためのスペースができます。モチベーションがわいてきて、変化の起こるのが感じられます。やがて、私たちはただ「大丈夫」という状態から、大きな豊かさを感じられる場所へと突き上げられていくのが実感できるようになります。

大切にしたい4つの価値観を見つける

数年前、同僚のエマと興味深い話をしました。彼女は私に打ち明けてくれました。「ねえ、リーン、私は仕事が大好きだけれど、なんだか気がのらないの。ものすごく不幸せというわけでもないけれど、まったく幸せというわけでもないの」。これは「大丈夫」な状態の典型的な例のひとつです。

エマに仕事のどんなところが好きか尋ねると、彼女は、仕事そのものは大好きなのだけれど、出張の多いのが嫌なのだと言いました。「小さな子どもが2人いるでしょう。だから、本当はできるだけ家族と一緒にいたいの」。

「ビューティフル・マネー」の目的は、自分が本当にやりたいことと自分が一体となって収入を増やすことです。仕事が好きになれない、収入を得る手段が意に添わないという人は、本当にやりたいことと自分の今の仕事がせめぎ合っているサインです。誰からも羨まれる地位、燦然《さんぜん》と輝く肩書、世界各国への旅、眺望の素晴らしい個室のオフィスなど、外から見ると何もかもうまくいっているように見えても、心のなかでは葛藤と闘っているのです。

これは、あなたの心の奥底にある大切な価値観（私は「4本の柱」と言っています）と、あなたの収入を得る手段がうまくかみ合っていない兆候です。エマのように、仕事は好きでも、地位や、会社そのものや、職場が気に入らないのかもしれません。私のように仕事の進路を変えることも選択肢にあります。

地位やキャリアがどんなに素晴らしくても、あなたが大切にしていることとうまくかみ合っていないと、続かないのです。

どんなにあなたが高給を取っていても、あなたの価値観とかみ合っていない仕事や収入には、あなたは満足できないし、幸せに感じられない。また、満たされた気持ちになれない。そして、お金を得る方法が基本的にあなた個人の価値観とずれていたら、いつまでたっても本当に豊かな人生をつくることはできません。つまり、収入とは関係なく、あなたの内なる「4本の柱」のどれか、あるいはすべてがあなたとしっくり合っていないとき、仕事は長続きしないということです。

あなたの「4本の柱」を見つける

では、次の質問から、みなさんが人生のなかで最も価値をおいているものを徹底的に調べ出しましょう。

- **あなたがネガティブになり、憤りを覚え、ストレスを感じるとき、どんなことが引き金になっていますか？**
- **あなたを幸せで、心も軽く、満足して、ポジティブで、エネルギーあふれるように感じさせてくれるのは何ですか？**

私の場合は、最初の質問に答えて、家族が一番大事だと気づきました。私は、友達や家族が一緒にいないと幸せに感じられないのです。もう一方の質問で、私にとっての幸せと喜びは、自立する力を持つことだと知りました——誰からも指図されることなく、やりたいときに、やりたいことをする。この答えから、私が大切に思うのは自由だと気づいたわけです。

質問の答えを考えましたか？　いくつかあると思いますので、書き出してみましょう。みなさんが思いつきやすいように2番目の問いの答えの例をあげてみます（もちろん、このなかにないものでもいいんですよ！）。

健康であること／正直であること／家族が幸せであること／成功すること／自由であること／社会に貢献すること／自立していること／他人のためにに尽くすこと／学習すること／安全・安心であること／リーダーシップをとること／寛容であること／博愛／今を感じること（マインドフルネス）／信頼関係／人とのつながり／グローバルに生きること／高潔であること／賢明であること／平和であること……

今のライフスタイルで実現できているかチェックする

次に、あなたがしている行動や仕事、ライフスタイルが、この価値観と一体となっているかどうか考えてみましょう。

たとえば私の例ですが、私はヨガが好きです。ヨガのインストラクターの資格も取っていて、自分のスタジオを持ちたいという誘惑に駆られています。ところが、私の4本の柱の1本は「自由」なのです。

インストラクターになれば、いつもスタジオに出て、マネージメントもしなくてはならず、物理的に拘束されてしまいます。私は誘惑と闘いました。もちろんヨガスタジオを持つインストラクターがみな拘束されていると感じているとは思いません。ただ、私自身はそう感じるだろうなと思うのです。自分は好きなときにヨガのクラスに行き、レッスンを受けるのが一番自由で幸せなのだと気づきました。でも、これは人それぞれです。

一般的にチャンスと言われる状況になったとき、それをつかむかどうか迷うことがあると思います。そんなときは、この4本の柱で判断しましょう。あなたが大切にしている価値観とうまくかみ合っていなかったら、今回はやり過ごしましょう。その機会が、あなたの魂をゆさぶらないなら、また、それほどわくわくしないなら、もっと素晴らしい機会が訪れるときのためにその場所を空けておきましょう。

ただ、「よい」だけのことで慌てて決断しないように。「素晴らしい」ものが訪れるまで待つのです。

大切なものが家族だったら、日曜、あるいは土曜ごとに、もしくは仕事の終わったあと、家族と過ごす時間をつくりましょう。

私の大好きな友達の一人は、毎週金曜日の夜を家族と一緒に映画を観る、ムービーナイトとしています。彼らは金曜日のこのムービーナイトを最優先して、スケジュールを立てています。この習慣が何年も続き、家族の絆は強くなり、家族と過ごすときに幸せを感じるようになりました。

また、この友人は日曜日の夜を、夫とのデートナイトと決めています。ただちょっと散歩をして、お気に入りのお店に立ち寄りグラス一杯のワインを飲んで帰ってくるだけです。でも、この日曜日の夜もほかに譲れない夜。家庭を大切にするこの友人を、私は素敵だなと思い、感嘆の思いで見ています。彼女は私の人生の偉大な師でもあります。彼女の大切なもの（4本の柱）は大変明快です。家族、健康、自由、高潔の4つ。そして、彼女のスケジュールはこの4本の柱を中心に立てられます。

大切にしたいことでお金を稼げると満ち足りた気持ちになる

20代の頃、私は、自分の時間の90%を重要でないことに使っていたような気がします。他人のご機嫌を取り、昇進を求め、時間をかけて通勤し、食事は車の中か仕事中にコンピューターの前でとっていました。お金は無駄なことに使い、しかも、一日中電話とメールの返事に追われていました。自分に正直に、満ち足りた気分で暮らすことよりも、他人にかかわることを優先していたのです。

満ち足りていて、自分自身がよくわかっている人は、大切にしたいことに合致した収入の手立てを知っていて、その職業につき成功をおさめています。

もしできればあなたも、自分の価値観に合わない職業やお金のためだけに働くことは避けましょう。

あなたの今のライフスタイルは、あなたが大切にしているものと矛盾していませんか？　あなたはもっとも大切なものとちゃんとつながっていますか？

「なぜ」の文をつくる

大切にしたい価値観をはっきりさせた後は、「なぜ」について考えてみましょう。これから、いくつかの質問に答えるワークをしてもらいます。その質問に答えると、あなたが何のために生きているのか、何をしたいのかが明らかになります。あなたが本当は何が欲しいのか、なぜそれが欲しいのか、はっきりさせてくれます。

時間はもっとも貴重な資源です。自分の大切な時間を何に使いたいのかはっきりさせていないと、結局助手席に座ったままで暮らすことになります。生活に大きな不自由がなくても、どこか満足できないものがあり、本物の人生でないような気がしたら、それは目的を持って生活していないからです。

答えにくい厳しい質問も多いので、大きく息を吸ってから始めましょう。

Work

ワーク 4 あなたの「なぜ」の文をつくる

次の質問に答えてみてください。答えがたくさんあれば、箇条書きで短く書いてください。

・もし、お金を気にしなくてよかったら、何をしますか？

（　　　　）

・毎朝、どんな元気をもらって目覚めますか？

（　　　　）

・どんなアクティビティがあなたの心を揺さぶりますか？

・あなたの完璧な日を思い描いてください。そのときどんな行動をしていますか？

・なぜあなたはお金が欲しいのですか？

・お金が十分あったら、世界に何をプレゼントしますか？

・今日から1年後、あなたの生活がどんなふうになっていたらうれしいですか？

・あなたの才能は、内心、何だと思っていますか？

・あなたの時間の多くを、あなたが大好きな活動をして過ごしていますか？

・わくわくするのはどんなときですか？

・失敗しないとわかっていたら、どんなことをしたいですか？

・あなたの人生で、一番大きな目的は何だと思っていますか？

・夢を大きく持ち、素晴らしい人生を歩もうと、あなたを駆り立てるものは何ですか？

Work

・世界で一番愛しているのは誰ですか？

・この世で、何をするのが一番好きですか？

・世界にどんなことで一番貢献したいですか？

・この地球にあなたが生まれてきたのは何のためでしょうか？

箇条書きをまとめて文章をつくる

箇条書きのリストができたら、句点を少しずつ減らしていき、文章をつくり、それを段落にして、少し長めの文を書いてください。

たとえば、私の最初の「なぜ」は、こんなふうにまとまりました。

1 意識を高め、世界とつながって生きていきたい
2 スピリチュアルな生き方を実践し、世界中の人々にその生き方を教えたい
3 まわりの人たちに、自分の健康、経済状態、結果、人生は、自分がリードしなくてはだめだと言って鼓舞したい

あなたの「なぜ」は、私の「なぜ」とは違うでしょう――人それぞれです。あなたの「なぜ」の文章は1段落かもしれないし、まるまるノート1ページあるかもしれません。私の「なぜ」はこうして始まり、だんだんふくらませていくうちに、とうとう3ページにわたる文となり、よい感じでまとまっています。そして、今でも私の役に

立っていてくれています。

「なぜ」の文章をつくるときは、このふたつのガイドラインに沿って書いてもらいます。

①読む人を笑顔にさせ、ときめかせるものにする
②お金を稼いだら、それをどう使うかも考える

このふたつを頭に入れ、自分のことを書くだけでなく、このプログラムから結果を得るために、自分がどんなふうに計画を立てたかの説明も加え、ほかの人が夢を大きく持つように後押しをするような文にしましょう。最後は「ビューティフル・マネー」プログラムを勉強したいと思った理由をはっきりと述べ、自分が世界をよりよいものにしたいという意思を込めて締めくくってください。

例として、「ビューティフル・マネー」プログラムを2015年の春に受講していたクライアントの一人、ベスの「なぜ」の文をご紹介します。

「私は人間として生を受け、巡り合った機会を最大限に使うために生きている。そのために、身体の内と外のケアを怠らず（身体によい食品、エクササイズ、瞑想などを取り入れ）、自分のスキルと能力を惜しみなく使って、自分にしかできないことで世界に役立ちたいと思う。

朝目覚めてまず考えるのは、家族、ペット、コミュニティの人たちの世話をすること。自然から元気をもらい、豊かで美しい自然に囲まれて生きていることに感謝している。私が幸せだと感じるのは、夫、友達、家族、地球、コミュニティとつながっていると感じたとき。

素晴らしい機会が私たちに声をかけてくる瞬間を見逃したくないので、私は精一杯生きたいと強く感じる。もし、お金のことを考えなくてよかったら、今のままの生活を続けながら、もっとたくさん旅行がしたいと思っている。そして、新しい経験をして私の世界をもっと広げ、自分自身にチャレンジしたい。

私の大切にしているものは、家族、コミュニティ、健康、スピリチュアルなこと」

ビジョンボードをつくる

より効果的なツールにするために、「なぜ」の文のビジョンボードを作成しましょう。

紙などに「なぜ」の文を書き、目に見えるところに飾っておきます。見ただけで理解できるよう、さまざまな視覚に訴えるものを探してみましょう。雑誌の切り抜き、写真（あなた自身、あなたの家族、インスパイアされる人のもの、ときにはセレブのものでも）、短い引用文、心に決めた約束の言葉など。

ビジョンボードは、日々、あなたのモチベーションを高め、あなたをゴールへと推し進めてくれます。ビジョンボードに貼られた一枚一枚の写真や言葉はすべて、あなたの大切にしている内なるものと、これから築きあげたいものとを結びつけます。あなたの心の奥底には、期待と興奮と強い願望が渦巻いているのが感じられるはず。これが、あなたが欲しいと願っているものなのです。

ビジョンボードを頭で考えてつくっただけでは、あまり変化は起きないでしょう。ビジョンボードに貼られたものを実現させる秘訣は、感情とのつながりを持つことです。ビジョンボードを作成するとき、感情が込もっていなかったり、夢を実現させる自信がなかったり、人のビジョンボードを真似たりしただけだと、きっとうまくいかなくなります。子どもっぽいゲームだと思ってボードを作成しないと、いつまでたってもモチベーションはわきません。

今は忙しくて、ビジョンボードを作成する気分ではないという人もいるでしょう。そして、来月、再来月と先のばししていくうちに……あなたの人生最大の後悔のひとつとなるのです。

今すぐに、ビジョンボードをつくりましょう。メールをチェックするより先に、用事で出かける前に、ミーティングの予定を入れる前に、家の掃除をする前に、何よりも先に、あなたの「することリスト」のトップに入れること。今、ちょっとだけ時間をあけて、ビジョンボードを作成してください。これは、「ビューティフル・マネー」プログラムを実践するうえで是非とも必要なことなので、口を酸っぱくして言っているのです。

ビジョンボードが完成したら、ひと休み。ビジョンボードから少し離れてくださ い。そして数時間して、もう一度眺めてみましょう。まだ、あなたの気持ちをかきたててくれますか？　あなたの身体の奥深くにポジティブなエネルギーを感じますか？　もしも感じなかったら、この問いに気持ちを集中させてください。あなたは何になりたいのか？　そして、何を持ちたいのか？　数分考えたら、答えを紙に書きましょう。答えは心底望んでいるもの、心の奥深く抱いている夢を書くように。次にあなたが書き取ったものを、見てすぐわかる写真や絵で表わしてビジョンボードに貼ってください。

そして、額に入れて家のなかでも一番よく目にするところにかけるとよいでしょう。ラグジュアリーでお洒落なフレームを探して、あなただけの特別な意味をもたせて素敵に飾るのもいいでしょう！

ステップ……

2

恐れを克服する

ネガティブな脳をしつけ直す方法

ステップ①で、自分が大切にしたいことがはっきりしてきました。このままスムーズにいければよいですが、ここで「自分にそんなことができるわけがない」「失敗したらどうしよう」「挑戦しないほうがいい」というネガティブな考えが浮かんでくることがあります。このステップでは、それらの考えを変える方法やツールをご紹介します。

お金について、また、自分自身についての考え方を変えたかったら、意識して行動を変え、無意識にネガティブな考えを浮かべる脳を教育し直す必要があります。

私たちはいつも運転席に座って考えなくてはならないのです。意識して考えなかったら、無意識に浮かんだ考えに運転をまかせるのと同じことなのです。ハンドルから手を離し、無意識に放り込んだ貯蔵庫にうごめくネガティブな考えに運転をまかせてもよいですか？

脳をしつけ直すことは可能です。もちろん、本当に自信を持って、意識しなくてもポジティブに考えられるのが理想ですが、それまでの間は脳をだますこともできます。それにはさまざまなツールとテクニックが必要となります。うまくいくまではこれらのツールを使いましょう。

こんなふうに脳をしつけるのです。本当はうまくダイエットに成功して輝くばかりに素敵になりたい。でも、今日はダイエットに失敗して体重を増加させてしまった。でも、大丈夫。私は成功すると信じている。信じるということは成功に向かう第一歩なのだから。

脳をしつける練習をしてさまざまなツールを使い、無意識に浮かんでくる考えを組みかえましょう。そうすれば、人生のポジティブな面だけ大切にし、あなたにもう必要でない情報は捨てられるようになります。ネガティブで、横道にそれた考えを捨てて、ポジティブで心と身体が一体になった考えを大事にするように。すると人生における活躍の場がさらに広がります。

ネガティブな考えを客観的に眺める

無意識のうちにネガティブで荒っぽい考えが浮かんだら、やり過ごす。空の雲が流れるように、つかまえずに漂わせておきます。

私は、よく道路を走る車にたとえます。目の前の道路を、ネガティブで、怒りっぽく、卑しい考え、あるいは批判ばかりしている考えを積んだ車が通りかかったら、そのまま止めずに走らせます。でも、軽やかで、創造性たっぷりのエネルギーをあふれんばかりに積んだ車が近づいてきたら、私の近くに止まるところを想像します。私は車に手をふれ、ポジティブなエネルギーをもらって、車が無事に旅を続けるよう願いながら、見送ります。

子どもっぽい考えのようですが、意識して自分の頭に浮かんだ考えをふるい分けるよい例だと思っています。こうして車を選ぶように頭に浮かんだ考えをふるい分け、感性を磨いて、日々自分の感情の形を整えていくのです。

頭に浮かぶ考えをしつける最高に簡単な方法は、その考えを客観的に観察すること。ネガティブな考えをパスして、ポジティブで自分を鼓舞する考えに注意を向ける練習をしましょう。そこで深く追求して自分に問いかけることもできます。「この考えは私の大切なものと一体になれて、『ビューティフル・マネー』を実践するのに役立つだろうか？」

頭に浮かぶ考えをしつけるのは、ヨガや瞑想と同じように、ただ練習あるのみ。長年、無意識に浮かんだ考えに従ってきた人は多いでしょう。このパターンを変えるには時間がかかります。考えをコントロールする力は素晴らしく、パワフルで、成功につながることを約束してくれます。考えがコントロールされる日は必ず来ます。必要なのは、あなたの努力だけ。それだけで十分です。

考え方のしつけは、一生続けたい大切な鍛錬。なかなか自分のものにできないかもしれませんが、くり返しチャレンジすれば必ず上手になるはず。

口に出して宣言する

「ビューティフル・マネー」のプログラムを実践するにあたって、私がとても信頼しているツールをご紹介したいと思います。それは「口に出して宣言する（アファメーション）」ということ。**口に出して言うと、魔法がかかり、変化は本当に起こるのです。**これをくり返すことで、ネガティブな考えは奥に引っ込み、ポジティブでパワーのある考えに変わってきます。

ただ口に出して言うだけで、自分を信じるようになり、ネガティブな考え、恐れ、外界に対する不安を最小化するという、効果抜群のツールです。時間をかけて「アファメーション」を実践していると、私たちの考え、感情、行動は変化していきます。

科学の世界でも「アファメーション」が注目されるようになってきました。最近の『ヘルス・サイコロジー』誌には、従来の治療法に加えて、「アファメーション」を使った治療で、喫煙・過食といった健康を害する習慣を変えることができると発表されています。研究者たちは、長い期間習慣として「アファメーション」をくり返していると、恐れのような考えに対する脳の反応の仕方が変わってくることを指摘しています。

これは、まさに無意識のうちに浮かんだ考えをしつけることとの説明と同じで、「ビューティフル・マネー」プログラムの「恐れを克服する勇気」にあてはまります。

私のお気に入りのアファメーションのフレーズをご紹介します。「ビューティフル・マネー」のどのコースでも、最初に口に出して言う練習に使っています（我が家にフレームに入れて飾ってあるのは言うまでもありません）。それはこちら――

「今日、美、富、優雅さは私の方に向かってくる」

このフレーズを毎日2度、口に出して言うのを日課としています。すると一日の始まりと終わりを豊かな気持ちで迎えられます。

アファメーション（宣言文）の例

「ビューティフル・マネー」プログラムで使う私の好きなアファメーションのフレーズをさらにいくつか集めました。


「私は時間をいつも大切なことに使っている」

「私には、すべてをやり遂げるのに十分な時間がある。まったく焦っていない」

「毎晩、豊かな気持ちで眠る」

「私は最高に豊かで、健康な状態にいる」

「私は、健康で、裕福で、自由である」

「日々、最高のものだけを選ぶ」

「愛と優しさは私のお金を引き寄せるマグネット」

「自分自身を大切に扱えば扱うほど、お金がたくさん入ってくる」
「私はお金の管理が得意」
「今日、さらに自分が好きになる。自分の人生も、さらに好きになる」

あなたも自分のお気に入りのフレーズをつくって、毎日自分に言い聞かせてください。

思い描く

静かな暗い部屋で、床に座ります（私は20分か30分くらい、邪魔されず、一人きりになれる時間が取れたときにします）。インスピレーションのわくような音楽を流すといいですね。

目を閉じて、あなたの願いが実現したところを思い描きます。私は、画像のように思い浮かべます。このとき、身体はリラックスさせて身体と心がひとつになるように。

あなたの脳裏に映像が流れないこともあります。その日一日やることがいっぱいで、あなたの「することリスト」がタイトに詰め込まれていたりすると、座って目を閉じても、何の映像も浮かびません。この思い描く練習をスケジュール帳に加えることをおすすめします（最初の間だけでも）。

練習の回数を重ねれば、思い描くのが上手になります。目をつぶって思い描いてもよいし、ビジョンボードを利用してもよいでしょう。

歩きながら瞑想する

「ビューティフル・マネー」プログラムを実践するのに、歩きながらの瞑想はとても手軽です。楽な靴をはき（スニーカー、ジムシューズ、フラットなバレエシューズなどは最適です）、動きやすい服を着て、さあ出発！ iPodをポケットにしのばせ、癒し系の音楽を聴くこともありますし、沈黙をお供にすることも。ただひとつだけのルールは、ウォーキング中はしゃべらないこと。ほかにも工夫された歩きながらの瞑想法もありますが、私のやり方は一番私に合っているようです。

瞑想がとても得意でも、そうでなくても（なかなか瞑想がうまくできるようになれなくても）、自然は私たちが使えるようにツールをさしのべてくれています。私の場合は、ネガティブな考えが頭をもたげてきたり、気弱になってきたりしたら、歩きながらの瞑想をして、気持ちを落ち着けてネガティブな感情を切り離すようにしています。

瞑想がうまくできるようになっても、まだ熟達していなくても、瞑想は自分から考えを切り離す素晴らしいツールです。瞑想に完璧な方法はありません。瞑想の目的は、静けさに身を委ね心と身体をひとつにつなげることです。さあ、この本を閉じて、目をつぶり、1分間だけ頭を空っぽにしてみましょう。もしも、難なくできたら、瞑想上級コースに進めそうです。

読書、セミナー、ワークショップ……

考え方を変えたり、まわりの世界の見方を変えたりするツールはほかにもたくさんあります。素晴らしい師匠たちのセミナーなどのコースを取って聴講したり、ワークショップに参加したり、オーディオプログラム、ビデオ、ポッドキャスト（インターネットラジオ、インターネットテレビの一種）などを利用したりするのもよいでしょう。

本からも吸収することは多いです。愛読書は、自己啓発系、スピリチュアル系、心理学系、お金の管理、指導力、経営戦略に関する本など。また、ＴＥＤの動画とポッドキャストもお気に入りのツールです。ネットでは、さまざまなエキスパート、研究者たちがこれらのツールを使い自分たちの見解をシェアしてくれています。

さらに、ワークショップやグループ研究に参加して、新しい知識を得て刺激を受けています。参加者たちと親しくなれ、個人的にも、仕事を通してでも、親しい関係をつくるのは大好きです。

私はよくオーディオブックとかポッドキャストを聴きながらランニングをします。大好きなふたつのアクティビティを同時にできるのは、素敵なことだと思います。

＊「ビューティフル・マネー」ひとくちメモ

瞑想が初体験だったら、スマホかコンピューターのAPPストア（アップル社が運営するiPhone、iPod touch、iPad向けアプリケーションのダウンロードサービス）でアプリをチェックしてみましょう。瞑想用無料アプリが山ほどあり、私たちを瞑想の世界にいざなってくれて、「ビューティフル・マネー」の旅をさらに揺るぎのないものにしてくれます。

自信をつけるための8つのヒント

個人的なことなのですが、私はいつも自信満々というわけではありません。仕事上いろいろな人に出会いますが、私のような、自己を確立してはいるけれど、ときおり自信を失うという人をよく見かけます。

外からは、きっとスーパー自信家に見られているでしょうけれど、本当の私はちがいます。自分に疑問を持つことも、すべて投げ出したくなることも、頭にくることなんてしばしば。自信があるように見せる秘訣は、どうしたら、また足を地につけていられるようになるか、あるいはまたもとのよい調子に戻せるか、そしてそれをずっと、ずっと、ずっと続けられるかを学ぶことです！

まず、あなたには自信を持ち、「ビューティフル・マネー」を実践できる素質があることを認めましょう。確認できたら、私のおすすめする次の方法を参考にしてください。どれも私が大好きなもので、自信をひっぱり出すのにうってつけです。

1 腹筋を強くする

腹筋が強くなると、背筋が伸び、パワフルで、自分をコントロールできるように感じます。六つ割れの腹筋は必要ありません。姿勢もよくなります。

2 自分に話しかける

「私は強くて、自信に満ち、幸せだ」といったようなアファメーションは、私たちを絶好調にしてくれます。アファメーションのパワーについてはすでにお話ししましたね。眠りに落ちる直前の瞬間は、無意識の脳に教え込む絶好のタイミングです。眠るときと朝起きたとき、自分の思いを込めたパワーのあるアファメーションをしましょう。あなたの意識のない脳に教え込みます。

3 恐れていることを克服する

自信をつけるには、自分が恐れていることをのり越えるという経験は、とても大きな効果があります。ポイントは、適度な恐ろしいことをするということ。怖くて怖くてしかたがないくらいの段階で、怖さのあまり吐きそうになるレベルは避けましょう。

とてもよい例としてクライアントのベッカの話をしましょう。彼女は水に飛び込むのが怖くて大の苦手でしたが、ジップライン（木々の間にはられたワイヤーロープを、滑車を使って滑り降り最後は池に落下する遊び）を初体験しました。

「最初ロープを握ったときは、死ぬほど怖かったわ。でも、やってのけたの！」。ベッカは恐れを乗り越えたことを楽しんでいました。もちろん水に飛び込むことも。

恐れを乗り越えるには、絶対に乗り越えてみせるというガッツが必要です。さらに、集中力と行動力、そして自分をさらけだす勇気が要求されます。

4 秘密をうちあけられる親友を探す

自分の弱さ、あるいは恐れを身体から排出するには、感じたことを言葉で吐き出すとすっきりします。あなたのまわりに自分の気持ちをオープンに話せるほど信頼できる人がいなかったら、日記は最高の友達です。

5 素晴らしい人たちとつきあう

この方法は、私のいち押しです——いつも素晴らしい人たちに囲まれていると、自然と自分もはばたきたくなるのです。私自身を高揚させてくれる人、私が自分自身を出しきるように刺激を与えてくれる人が一緒にいてくれると、私はわくわくします。

あなたが本当にやりたいと思ったことをしていなくて、勇気が出ないときは、そんな人の近くに行きましょう。彼らは決してあなたに偉そうにしません。まるで友人か仲間のように接してくれます。あなたの描く夢の人生をすでに歩んでいる人がいたら、将来の姿をそこに見て、うっとりするでしょう。

自分のまわりにインスパイアしてくれる人がいなかったり、あるいはあなたの足をひっぱるような人ばかりなら、新しい友達を探すよいチャンスです。

6 体を動かす

ストイックな激しいワークアウトをする必要はありませんが、身体を動かすと調子よく感じます。ワークアウトかヨガ、ランニングをするとき、頭のなかで「私はパワフル」「私は生命力でいっぱい」「素晴らしくなるための準備ＯＫ」と宣言してみましょう。

7 失敗を恐れない

成功は、ときとして失敗したあとにやってきます。最高にパワフルで夢想家のリーダーたちの多くも失敗を経験しています。失敗を受け入れて大事にしましょう。失敗は、そこから学ぶことができる格好の機会です。ずぶとく生きて、きらきら輝いてください。失敗しても、全身全霊を傾けて挑戦し、失敗した人たちの仲間になったのだと思いましょう。何もせずに失敗をしない人たちよりはるかに素晴らしいのです。

8 まずは行動する

ベンチに座ったままで、自信を身につけるのは至難の業《わざ》。行動を起こしてこそ、自信はつきます。しかし、作戦を立てることも大事です。前に進むときは細心の注意と集中力が必要だからです。減速バンプ（道路上でスピードの出し過ぎをおさえるためにつくられたコブ）にぶつかって、しばらく落ち込んでも、また立ち直ればいいのです。そしてトライしましょう。行動あるのみ。

ステップ

3

期待する勇気を持つ

期待することで責任を持って成し遂げられる

このステップでは精神力を使って自分の気持ちを、望むことから期待することへシフトさせる方法を学びます。期待を抱くことは、ビジョンボードを現実にする最強のエネルギーです。望んでいるだけでは願いを結果に結びつけるにも、夢を現実にするにも、パワーが弱過ぎます。この本では、「望むこと」は、「期待すること」を水で薄めたものと考えています。信念と自信を持ち、世界を味方につけることが、素晴らしいものへの期待を抱く鍵となります。

それでは、「望むこと」と「期待すること」の本当の違いは何でしょう?

何かが起きることを単に望むとき、私たちは自分をとても抽象的な状態においています。何かを「望む」とき、起きることに対して、責任も、パワーも、コントロールも持ちません。そういうわけで、「望んで」いるだけだと、実際にはネガティブになってしまい、むしろ気持ちを抑えてしまっています。

一方、**ゴールに到達することを「期待」するときは、幸せな気分になり、狙ったことは何でも達成できるような気がして、自信にあふれ、パワフルで勇気に満ちています。**予感と興奮でわくわくし、何が起きるか見たくて気もはやります。ポジティブで、自信にあふれ、好奇心に満ちた揺るがぬ精神がつくられるのです。

「望み」に、適量の自信と、信念と、勇気をミックスして出来上がるのが「期待」。

心から信じて言っているか？

私の師匠の一人がこう言っていました。「日常の会話のなかで、言葉で言うのは簡単なことだ」

クライアントたちが私に、「この仕事をしたいと思う」とか、「それをやってみようと思う」と話しているときは、彼らはまだ心と身体をひとつにしてゴールに向かっていません。彼らはネガティブな考えをしつけ直せておらず、期待できていないのです。

よく、決断して選んだ仕事や貯蓄に関してすぐに結果が出ないと言って心配する人がいます。それは、期待を込めずに望んでいるだけだから、懐疑心が忍び寄ってくるのです。決断に自信がないと、自分の行動が間違っていたのではないかと考え出して、現状のままで進展しません。

しかし、期待を込めて決断をすると、最後まで責任をもって見届けようと決心し、自分の選択は間違っていなかったという自信を持ち続けられます。そこで、すぐに具体的な結果が出なくても我慢強く待つことができるのです。これが「ビューティフル・マネー」のプログラムの実践方法です。

行動するための5つのステップ

生きていく上で困難に立ち向かうときは、行動を起こさなくてはなりません。美しく心豊かになれる結果を期待するためには、とりあえず動かなくては始まらないのです。しかし、自信がないと行動に移せないことがしばしばあります。

自信を持つには、行動する勇気を身につけなくてはなりません。恐れに主導権を取られると、行動することもできず、自信も持てなくなります。でも、決断をするたびに自信をもてるように、少しずつでも慣らしていくことはできます。

数年間、私を助けてくれた素晴らしい方法があります。この方法は5つのステップになっていて、私が恐れに立ちすくんでいるときも、行動を起こすようにサポートしてくれました。この方法を使い、優雅に心の平静と自信をもって恐れと向き合ってきました。時を経て、この方法のおかげで、自信を育て強くすることができるようになりました――あなたも、これから紹介する方法できっとできるはず。

1 決断すべきことに向き合う

どんなことを決断しなくてはならないのか、そのためにどんな行動をすべきなのか向き合います。

2 目的をはっきりさせる

あなたが決断しようとしていること、あるいは行動しようとしていることの背後にある目的をはっきりさせましょう。

3 頭ではなく心を信じる

ネガティブな感情や考えが頭をもたげてきたら、そのままにしておきます。しかし、その考えや感情をできるだけ自分から切り離すようにして客観的に観察しながら、考えと感情が結びつかないようにしましょう。決断と向き合い、頭でなく、心で欲しいと願うものについてじっくり考える静かなスペースをつくるのです。

4 信頼する人に相談する

自分のおかれた状況、それについての考えと感情を自分のもっとも信頼し、敬愛する人に相談する。その人はあなたが輝く人生を送ることを心から願っている人であるとよいでしょう。心と身体をひとつにしてマインドフルネスな状態で、あなたが敬愛し、ポジティブで素晴らしい人を相談相手に選ぶように。

日記をつけることも選択肢としてあります。また、これから決断することとあなたが一体となれるように瞑想することもおすすめします。その日の終わりには、きっと答えは見つかっているでしょう。

誰かに相談する場合も、選択するのは自分だということを忘れずに。他人はいろいろアドバイスしてくれるでしょう。でも、決断することと自分を一体にして瞑想すると、おのずと答えは出てきます。

すぐに解決できることと、なかなか解決できなくて(たとえば、二人の関係をこのまま続けるかどうか、あまり健全でない友情を終わりにするかどうか、転職するかどうか、など)、時間のかかることもあります。

5 プランを立てて行動する

いったん決断したら、プランを立てて行動に移ります。プランとは、自分のケア、素敵な友人と過ごす、行動に移ったときに頼れる人を探す（師匠、同僚、パートナーなど）、身体を動かす（ウォーキング、ランニング、ヨガ、ダンスなど）、一人になれる特別な時間を持つ、など。

「ビューティフル・マネー」マントラ

今までお話ししてきたように、自分に最高の結果が出ることを期待してポジティブな考えを持ち続けるためのツールをもうひとつご紹介します。「ビューティフル・マネー」マントラ（呪文）です。

マントラは、アファメーションと同じで、私たちの感情と気分をさまざまな方向からシフトしてくれます。個人的な意見ですが、マントラはアファメーションより哲学的だと思っています。マントラは私を支えてくれ、勇気を与えてくれるツールです。アファメーションがエゴと自分の心のはけ口だとしたら、マントラは聖歌のようであり、自分の使命を宣言しているような厳かなものだと思っています。

例として、「ビューティフル・マネー」プログラムのコースを取っていたクライアントのマントラを紹介しましょう。

「私はいつもありのままを話す。不満ながらイエスと言うことはない」

「美と、豊かさと、気品は、毎日、私に向かって流れてくる。私の身体のすべての細胞ひとつひとつが、私は最高のものを得るのにふさわしいと語りかける」

「私はいつも十分過ぎるほどのお金を持っている。経済的に自立していて、私の富を、いつでも世界の人々とシェアできるという気持ちでいる」

「私はこうなりたいという自分にすでになっている。期待以上にまで到達している。すべての疑問は解決している」

あなたのマントラのつくり方

それでは、あなたのマントラをつくるために、あなたのお金に対する恐れについて考えてみましょう。

自分は絶対十分にお金を持てないという恐怖におびえていると思ってください。きっとあなたは、お金を稼ぐのが本当に難しく、山積みの請求書を支払えるか？　家族を養えるか？　悩みはつきないでしょう。

この恐怖をポジティブな方向に転換できればよいのです。それが功を奏すと、無意識のうちに浮かんでくる考えは、トリックをかけられて新しい考え方に変わっていきます。

たとえば、「お金を稼ぐのが苦手だ」という恐れは、「お金は私の方へゆったりと流れてくる。だから、私はどこにいてもお金を引き寄せることができる」というマントラに変換することができるのです。

アファメーションと同じで、「ビューティフル・マネー」のマントラも、最初のうちは、ちょっと非現実的で嘘っぽく聞こえるかもしれません。

でも、このときこそ、考え方をしつけ直してください。それがマントラの目的であることを忘れないように。つのる自己不信を変革するのです。自信に溢れ、すべてが信じられるようになる日は必ずやってくることを理解し、信じ、期待を込めてマントラを唱えてください。

第2週目の終わりに、みなさんにひとつだけメッセージを残すとしたら、こう言います。私たちがあることを望みながら、別のことを期待していたら、現実のものとなるのは、期待していた方です。

私たちは、これが手に入ればいいなと望みます。でも、望んでいるだけでは、前に進みません。**ゴールに目指すものと、自分自身の大切なものがひとつにつながっていないと手に入らないのです。**人生の勝ち組になることを期待するとします。すると、そのときやる気が起きて、期待する方向へと進むのです。

本当に豊かさを引き寄せたいと思ったら、欲しいものが何か明確にします。なぜそれが欲しいかもはっきりさせ、その欲しいものが手に入ることを期待する。それから、そのゴールに向かうために必要なアクションを起こすのです。

第3週では、考え方を変えたあなたの脳を詳しくチェックして、さらに発展させていくことに焦点を当てます。

Week

3

第３週

豊かな
人生のための
習慣を身につける

ここまでで、身のまわりや身体のなかに蓄積された不要なものを整理整頓し、「自分がやりたいこと」と「なぜそれをやりたいか」が明確になったと思います。

第3週では、実際にお金についての具体的なお話をします。もちろん、これまでに明らかになった「大切にしたいこと」に基づいて考えます。

ステップ……1 お金の目標を設定する

身辺の整理整頓によってスムーズに行動に移れる方法を紹介します。あなたが経済的にも感情的にも自由になりたいと感じたとき、身体の内外をクリスタルのようにクリアにして、ちょうど1年後の今日の日までに、あなたが貯めたいと思う貯蓄の額を設定すると、きっとあなたは早く行動に移りたくてうずうずしてくるでしょう。

ステップ……2 目標に合わせて稼ぐ

ステップ①で設定したゴールに到達できるようにサポートします。どうやったらもっとお金が稼げるか、時間の使い方をどうするべきか、ライフスタイルにどんな習慣を取り入れるべきか。具体的な方法をたくさん紹介していますので、楽しんで取り組んでください。

ステップ……3 資産を増やし、管理する

お金の管理の実用的な面についてさらに具体的にお話しします。家計、貯蓄、さらには投資など、将来のことも見通しながら豊かな富を築くまでをお話ししていきます。また、長い人生をずっと豊かでいるために、どのような習慣のなかで生活していくべきかもお伝えします。

この週のエクササイズとレッスンは、あなたの習慣を改善して、日常の仕事の方法に新しさを取り入れるサポートをし、あなたがさらに豊かになり富を築く段階へ移る準備をします。

ステップ……

1

お金の目標を設定する

「お祝いの日」の目標と日付を設定する

このステップでは、あなたの「ビューティフル・マネー」の旅での、財政上の目標をはっきりさせます。

ここで大切なのは、**目標の数字を日付とともに紙に書くこと。**夢を持ち、それを頭のなかで描き、想像するのは素敵なことです。でも、紙に書かなかったら、夢は実現しません（少なくともタイムリーには）。

- **達成したいゴールと日付を決める**

目標金額の貯金を達成する日、借金を完済する日、住宅ローンを払い終える日などを設定しましょう。この本を購入したときに頭に浮かんだお金に関するゴールなら、何でもいいのです。

ポイントは、その日を「お祝いの日」と設定すること。人生において、素晴らしい出来事をお祝いすると、私たちはその瞬間に感じたものを忘れないようにしようと思い始めます。目標を達成する記念日をつくり、その日を紙に残しましょう！　あなたが書き込む日付は、記念日としてこれからお祝いするのにふさわしいものとなります。

・純資産の1年後のゴールを決める

同時に、1週目で計算したあなたの純資産を1年後、どのくらいにしたいかゴールを決めましょう。

経済的なゴールを定めると、しりごみしたり、怖くなったりするかもしれません。でも、すべての状況が完璧になる日なんて、いつになってもやってきません。次のレベルに進むべきときは今なのです。行動に移るのは危険に感じるかもしれません。でも、その行動が、素晴らしい変化と豊かなものを約束してくれる正しい道にあなたを導いてくれるのです。

このステップでのエクササイズは、日付と無理のない金額的な指標を設定します。「正解」も「不正解」もありません。ゴールの数字にはやや不快感を覚えるかもしれませんが、あなたの設定したものに向かってチャレンジしてください。日付にはストレスを感じるかもしれません。気の遠くなりそうなくらい将来の話で、その時点で（たとえば、２１００年とか）生きているかどうかイメージがわかないでしょう。でも、その数字にはあまりこだわらないように。

いよいよあなたの頭を実用かつ現実的な考え方に切りかえるときです。このゴールを設定すると、心から願うことと気持ちがひとつになり、未来に集中できるようになります。また、目的に向かうまでの道の途中で、恐れ、疑い、心配といった感情にとらわれることもなくなります。

ローンや借り入れから自由になる日を設定する

借金がある場合、最初に設定してもらいたいのが、借金から自由になる日です。「ビューティフル・マネー」プログラムを実践するときに、意気消沈してしまうのが借金です。どんな種類の借金であれ、借金は私たちを落ち込ませます。

自分は借金なんてしていないと思うかもしれませんが、クレジットカードの支払残額や家族や友人から借りたお金、未払いの請求書、納めていない税金、毎月引き落とされる住宅ローン、奨学金なども借金です。

よい借金、悪い借金とは?

フィナンシャルアドバイザーたちのなかには、学生ローンや投資や財産のための借金を、「よい借金」とカテゴライズする人たちがいます。住宅ローン、自動車ローン、学生ローンは、借金とは言っても、そこに前向きなエネルギーが感じられます。たとえば、富裕層の住む住宅街にある不動産会社で働く営業マンが顧客を獲得するためには、高級車は必要不可欠でしょう。夢を実現するのに必要な大学での学位取得やMBA取得のために、学生ローンを利用するのは当然のことです。

この本では、借金を分類するのに、「よい」「悪い」というように、白黒をはっきりさせることはありません。その代わり、**あなたの借金を、その背後にある目的と感情的なものも含め、じっくりと見直してもらいます。**

こう考えてみてください——借金をすることで、あなたの成功がサポートされるとしたら、その借金を「悪い」借金と言えるでしょうか？　ビジネスを拡大したり、キャリアアップしたりするのをサポートしてくれる借金を、汚いとか有害だとか言えるでしょうか？　借りたお金であなたのビジネスにてこ入れができて、お金がさらに増えたら素晴らしいことです。

一方、イライラをつのらせ、夜の安眠を妨げ、不安に感じさせ、ナーバスにさせ、吐き気をもよおさせるような借金は「よい」とは言えません。この類の借金はできるだけ速やかに返済しましょう。それが、借金が全部返済された記念すべきお祝いの日なのです――借金をなくし、あなたの人生から永久に荷物をおろしてくれる日です。

クレジットカードの借金は欲望の証

過度な借金の典型的な例としてクレジットカードの支払いがあります。厳しい言い方をすれば、お金を追い求め、健康よりも成功に価値をおき、ストレスのはけ口に買い物をしまくり、隣人たちと見栄をはり合い、みんなよりたくさんものを持っていることで安心する生活を送ってきた結果、積み重なったのがこの借金です。この定義でわかるように、消費家とクレジットカード愛好家は多額の借金予備軍となります。

また、クレジットカードで分割払いにすると、そこに利息が発生していることを見落としがちなのです。高額の買い物をして、リボ払いなどにしていませんか？　そもそも、自分のカードの利率を知っていますか？　分割やキャッシングの残額をあとどれくらいで支払い終えますか？

借金を返済する順番を決める

もし、借金が複数あったら、どのような順に返済すればいいでしょうか？

私は、借金から自由になる日を設定するとき、母から借りた1万ドルの返済を優先順位のトップにしました。母から借りたお金は後に利益を生み（土地を買う頭金にしたのです）、母の愛情からエネルギーも一緒にもらった尊いお金でしたが、まだ返済できていませんでした。愛情など精神的なものの加わった借金は返せるなら、早く返しましょう。すると、金銭には代えられない恩恵をもたらしてくれます。

借金を返済するときは、個人の借金に対する感じ方が重要なポイントとなります。私の場合は、早く身軽になりたいという思いが私を奮い立たせてくれました。母からお金を借りているという緊張でストレスのたまった身体をクリーンにしたところ、すぐにクリエイティブなエネルギーが再び流れ出したのです。

あなたが一番ストレスを感じている借金から返済していきましょう。私の場合は母からのお金でしたが、一般的には金利の高いものから早く返済するようにとアドバイスしてきました。身体のストレスと緊張を引き起こす身辺の状態をクリアにできると、感受性と能力がより研ぎ澄まされ、お金を引き寄せるマグネットのような力が身につきます。

借金から自由になる日を設定すると、必ずパワーがもらえます。あなたが請求書の海でおぼれていたら、この日付は、灯台のように海を照らし、あなたが岸に泳ぎつくのを助けてくれるでしょう。

「ビューティフル・マネー」プログラムを実践できれば、借金とは無縁の生活ができるようになります。心、身体、精神は借金の放つ重苦しいエネルギーには関わらなくなるでしょう。

大きな深呼吸をして、借金から自由になる日をはっきりと大きな声で言いましょう。そして紙に書きましょう。

お金から自由になる日を設定する

借金から解放されたら、今度はお金から自由になる日を設定しましょう。お金から自由になると、たとえばこんなライフスタイルが送れます。

- お金のために働くのではなく、自分の創造性を生かした仕事をする
- 仕事をしているときでも、家族と休暇を取っているときでも、きちんとお金が入ってくる
- 自分の時間が十分に持て、自分で毎日のプランが立てられ、日々、どう過ごすかは自分で決め、自分で責任を持つ
- 健康と創造性と家族との行動を何よりも優先させる

私は28歳のとき、33歳の誕生日を経済的に自由になる日と決めました。そして、そ

れを実現したのです。最初ゴールを設定したとき、本当に実現できるかどうか半信半疑でした。比較的生活費は低くおさえていましたから、浪費をしていたわけではなかったのです。そこで、収入の手段を得て、自立に成功する日を5年後と決めました。

この計算と進路の取り方は、私にはうまくいきました。でも、人によって、収入と責任感の持ち方とライフスタイルで違ってくるでしょう。このゴールを決めたとき、私は離婚直後で子どももいなかったので、5年計画は無理なく思え、私をわくわくさせました。

お金のために働いたり、お金のためにライフスタイルを制限するのをやめて、理想の仕事やライフスタイルを実現する日を決めましょう。

ゆっくりと深呼吸して、あなたの目標を声に出して宣言し、紙に書いてください。

経済的に自由になる日をお祝いするのは、いつにしますか？

さあ、その日を書いてください！

金額ゴールから希望収入を割り出す

あなたは経済的に自由になる日を設定しましたが、現在の収入で、いったいどうすればそれができるのだろうと思っているでしょう。その答えは、このシンプルな数式にあります。

金額ゴール＋支出＝希望収入

この方程式は、不可能に見えるかもしれません。しかし、今まで一般的に考えられている家計に関する方程式（現在の収入－支出＝残りを貯金する）では、いつまでたっても前に進めず、常に給料日から次の給料日まで綱渡りする状態か、いつもお金が足りていない状態で生活することになるのです。

収入から支出を引いて残ったら将来の夢のための資金づくりをしようという考えで

は、将来の夢の値下げを余儀なくされます。従来の家計の管理方法、たとえば予算を立てる、といったようなやり方では、潜在的な稼ぐ能力を下げてしまいます。伝統的な方法で予算を立てているだけでは、夢を実現するための十分なお金は貯まりません。

しかし、「ビューティフル・マネー」プログラムの方程式を使った家計の管理方法は、1年単位、あるいは1月単位で収入を管理して、夢の実現に必要な目標額に達成させます。

例として、アリソンの場合を見てみましょう。彼女の短期目標は6カ月でお金を貯めて（自動車ローンを使わず）新車を購入することでした。

アリソンも「ビューティフル・マネー」の方程式を使って、6カ月後をターゲットとしました。つまり、6カ月間「ビューティフル・マネー」的希望収入を得ることを目標としたのです。彼女は6カ月間で2万ドル稼ぐことを決意します（1万5000ドルは車のため。残り5000ドルは貯蓄のため）。こうして、「ビューティフル・マネー」の方程式を応用したのです。

アリソンは6カ月間の支出を計算しました（このときは、自分に正直になること。小さな見落としも積もると大きいです）。そこで、月に3000ドルの支出と割り出します。ということは、6カ月間で1万8000ドルの支出。

この数字を「ビューティフル・マネー」プログラムの方程式にはめこむと、アリソンが6カ月でいくら稼げばよいか簡単にわかります。

金額ゴール＋支出＝希望収入

つまり、ゴールの2万ドル（自動車購入金額と貯蓄額）に支出1万8000ドル（6カ月間に必要な生活費）をプラスした、3万8000ドルが確保したい収入というわけです。この金額を6で割ると、6333ドルと出ます。これが1カ月間のアリソンの希望収入です（この場合、少し余裕を持たせて6400ドルとしておきます）。

アリソンは、その時点では月々6400ドルの収入はありませんでした。でもアリソンは、自分の夢の実現にいくら必要か、はっきりと知ることができました。自分の欲しいものがはっきりとし、そこに到達するための具体的な方法がわかれば、人は夢を実現したいと思い、素晴らしい力を発揮するのです。

さらに重要なのは、具体的ではっきりとした目標は、自分の設定した日付とゴールに向かうポジティブな原動力を提供してくれるということ。アリソンは、割り出された希望収入をさらに細かく計算し、1週間に1600ドル稼ぐ必要があることを知りました（これはその時点のアリソンの収入より200ドル多かったのです）。希望収入が自分の稼ぐ収入より200ドル多いことに気づき、彼女は工夫を重ね200ドルを工面しました。

これで「ビューティフル・マネー」の方程式が不可能ではないことがわかったと思います。むしろ、健全で、パワフル、さらに楽しいものではありませんか？　これが自分の力で夢をかなえる方法です。まずは、希望収入に鋭く焦点を当てます。不可能ではない金額が出たら、この数字と気持ちと身体をひとつにして、前に進みます。

ゴールに到達したい期間を調整する

注意したいのは、希望収入が現状とかけ離れ過ぎないようにすることです。無理なゴールを設定すると、達成するモチベーションが下がってしまいます。

まず、ゴールに到達したい日付を設定します——何カ月後、何年後、退職を視野に入れた数十年後でも——そして、ゴール到達時にどれくらいのお金を貯めたいか、おおまかな数字を出します。いつも数字は多めに出すこと。少なめではなく、この計算は、日付の設定を変えて何度もしてみてください。数字もそのつど変わるでしょう。こうして、目標と日付を決めます。この日付と数字は、全体的な計画を立てるのに役立ちます。短期間でも長期間でも同じです。目的と数字をはっきりさせただけで、不思議なくらい意欲がわきます。

目標を設定して、ゴールを目指しているときも、少なくとも年に1回は計算を見直してみてください。私は、毎月、3カ月に1回、年1回のわりあいで、希望収入を見直しています。シンプルが大好きなので、この計画を始めたときは年1回、12月に見直し、翌年のプランに役立てました。カフェで、一杯のコーヒーを前に数時間かけて計算をするのは楽しいひとときです。翌年の目標を立て、この方程式を使って収入のターゲットを計算するのです。新しい年に向け、まったくクリアな状態で出発し、お金を生み出し、広げていくのは素晴らしいことです。

目標がはっきりし、数字もわかったら、あなたの信頼できる人とともに、夢を実現させましょう。

ステップ
2

目標に合わせて稼ぐ

80／20のルールに従う

ここまでで、目標として設定した日付までに、どれくらいのお金が必要かわかったと思います。それでは、ゴールに到達する日付までにどうやって収入を増やせばよいのでしょう？

私の答えは簡単です。そしていつも同じ。

「あなたは、お金を生み出す行動にどれくらいの時間をかけていますか？」という質問です。

私たちはとかく、仕事でも日常生活でも、些細なことやこまごました雑事に時間を取られがちで、どちらも思うようにいかないことが多いです。

私たちが前に進めない原因となっている行動を減らしたりやめたりすることで、簡単に収入が増えるのはご存じですか？　特にクライアントたちに減らすように言っているのが、テレビを観る時間と日曜日の無駄な時間です。日曜日をダラダラと生産性の低い雑用に追われて過ごし、日曜日だからと言い訳する人が多いのです。

80／20のルールとは、私たちの20％の努力が、80％の結果をつくり出しているということです。具体的に言うと、少しの仕事が、多くのお金をつくり、私たちに達成感を味わわせているということです。いくつかの仕事を本当に集中してすれば、一日の3分の1の時間で、仕事は完了させることができます。するともっと人生を楽しめ、自分自身と家族をケアする時間も取れるというわけです。

リターンの多い仕事を見極め、集中する

少ない時間や作業で多くを稼ぐ秘訣は、どの仕事がもっとも大きなリターン（経済的にも、感情的にも、精神的にも）があるか、見極めることです。

クライアントたちと話し合ってわかるのは、本当に利益を生む仕事や作業は、だいたい2つか3つです。今日の「することリスト」、あるいは今週の「することリスト」を見直してみてください。大きなリターンが期待できそうな3つはどれでしょう？

80／20のルールをすぐに実践するのは難しいかもしれません。というのも私たちは、「がんばって働く」という考えが身にしみついているからです。私たちはとかく些細な仕事、たとえばメールの返事を出すとかソーシャルメディアをくまなくチェックするなどを完了させて、やりきった感に浸りがちです。それは、これらの些細な仕事はリターンの大きな仕事に比べて、手軽にできるからです。

しかし、これらの仕事は実際には収入につながっていないことが多いので、時間の無駄づかいに過ぎないのです。

私自身、数年前に「することリスト」をつくるのをやめてからは、1週間ごとに3つの、収入につながる「やりたいこと計画」を立てることにしました。やりたいことに私の仕事を重ね合わせて焦点をしぼり、重要でない用事は週末に追いやり、まとめて2、3時間以内で終えることにしました。

みなさんのなかには、即座にメールに返信する習慣の人がいて、そういう人たちには週末まで延ばすのはストレスかもしれませんが、でも、これだけは忘れないように――あなたの人生はたった一度だけ。その人生をこまごましたことだけで終わらせたいですか？　それとも華麗に変身したいですか？

私は、考え方を切りかえ、日常のルーティンワークを整理して、本当に重要なことにもっと時間をさくようにしました。家族と一緒に過ごす、ヨガをする、収入につながるワークショップに参加する、などです。

率直に言って、私がよく聞かれる「あなたはどうやっていろいろなことを一度にうまくやってしまうの?」という質問の答えがこれです。本当に重要で、しなくてはならないことには、スケジュールのなかにそのための空間と時間をつくるのです。

＊「ビューティフル・マネー」ひとくちメモ

私がまさに今しているように、スマホは裏返して、入ってきたメールやメッセージは見ないようにしましょう。仕事中周囲に気を散らさないようにするための練習が必要です。

80／20の哲学を頭にたたき込んでおくと、とてもたくさんの些細なことがあなたに近づいてきて、気を散らそうと誘惑し、あなたの注意やエネルギーを盗み出そうとするのがわかり、おもしろいです。あなたが少しも誘いに乗らず気をそらさなかったら、あなたの感情にどんなことが起こるか観察しましょう。

スマホのメールの返事をすぐにしたくなっても、がまんできましたか?　メールから自分を隔離できていましたか?　Wi-Fiがつながらなくてヒステリーを起こしませんでしたか?　すべての連絡手段を切ってみるのはどうでしょう?

「ビューティフル・マネー」時間の追跡調査

これは、私の大好きなエクササイズのひとつです。**自分たちが毎日、どれくらい重要でないことに時間を使っているかがわかります。**

1　1週間のあなたの行動を書き出す

午前、午後、夕方に分け、あなたの行動をすべて書き出してください。

たとえば、午前：ワークアウト、朝食、朝のミーティング、メールに返事、などです。3つのそれぞれのスペースに、3つか4つの行動を書ければ十分です。

2　行動の数を数える

あなたの書き込んだ行動を数えてください。

3 蛍光ペンでマルを付け、その数を数える

収入を得られるもの、結果を発表できるもの、自分のやりたいこと、好きなこととつながっているもの（ヨガ、家族との行動、ボランティアの仕事など）を選び、これらの行動を蛍光ペンかマーカーで、まるく囲んでください。そして、マルで囲まれた行動を数えましょう。

4 有意義な時間の割合を出す

最後に、マルで囲った行動をすべての行動で割ってください。するとパーセンテージが出ます。

参考までに、クライアントのサマンサの場合を見てみましょう。こんな表になりました。

サマンサは40個の行動を書きました。カラーペンで印をつけたのが15個。それを40個で割ってみましょう。すると、15÷40＝0・375（37・5％）となります。ということは、彼女の何らかの利益を生む活動は3分の1という結果でした。

時間の追跡調査

サマンサの場合（5日間）

	午前	午後	夕方
Day 1	・家族の朝食をつくる ・子どもの登校の支度 ・夫と子どもを送り、自分は出勤 ・モーニング・スタッフ・ミーティング	・ウェブの記事を読みながらランチを取る ・オール・ハンズ・ミーティングに出席	・帰宅 ・夕食の支度、子どもの宿題の手伝い ・テレビを観る
Day 2	・エクササイズのために早起きに参加 ・通勤 ・モーニング・スタッフ・ミーティング	・ボランティアのイベント	・帰宅 ・子どものために夕食の支度 ・ベビーシッターの手配 ・夫と外出（食事とドリンク）
Day 3	・家族の朝食の支度 ・子どもの登校の準備 ・夫と子どもを車で送る ・モーニング・スタッフ・ミーティング	・電子メールのチェック ・自分のチームのプロジェクト・ミーティング ・友人とランチ	・帰宅 ・子どもの夕食の支度。宿題の手伝い
Day 4	・早起きしてエクササイズ ・通勤 ・モーニング・スタッフ・ミーティング	・フィナンシャル・プランニング・ミーティング ・採用ミーティング	・帰宅 ・子どもと一緒に、両親と夕食
Day 5	・家族に朝食をつくる ・子どもの登校の準備 ・夫と子どもを車で送る ・モーニング・スタッフ・ミーティング	・ヨガのクラスに行く	・自分と夫の夕食の準備 ・TVを観る

でも、サマンサの結果は、よい方です。多くのクライアントの、利益を生む活動につけたマークは10％に満たないのです。意に沿わない仕事、重要でないこと、自分の本当にしたいことや人生の目標とマッチしていない行動でスケジュールがぎっしり埋まっているのです。

価値ある時間を増やしていく

「ビューティフル・マネー」プログラムを実行するというのは、「することリスト」をすべてやり遂げるとか、達成度を自己評価するといったことではありません。そうではなくて、私たちを幸せにしてくれるもの、健康にしてくれるもの、豊かにしてくれるものと、私たちの時間とをつなぐことなのです。

そこで、時間の追跡調査のエクササイズをしてもらい、どんな行動に価値があるか、あるいはないかはっきりさせる準備をするのです。

80／20のルールと時間の追跡調査のエクササイズは、私たちが時間の使い方について考え直す必要があることを教えてくれます。自分たちのつぎ込んだエネルギーと時間から得る見返りについて、もう一度計算してみませんか？

仕事で行き詰まったとき、もう一度見直しをはかることは、実生活ではなかなかできないものです。もっとばかげているのは、10万ドル以上の給料が欲しいと言いながら、いざ自分のつぎ込んだ時間と労力から時給を計算すると、その金額にショックを受ける、といったケースが多いことです。深夜まであくせく働き、週末も働き、健康を犠牲にしてまで働いて、給料は時給で計算して一体いくらになるでしょう？　多分、数字を見ただけで驚くのは間違いありません。

時間追跡調査の結果にショックを受けたのはあなたが初めてではありません。20代のときの私がそうでした。一日のほとんどを仕事に費やし、給料日から次の給料日まで綱渡り状態の生活で、プライベートな時間はゼロといった具合でした。屋外のアクティビティといったら、ランニングだけ。当時は時間の追跡調査をしていませんでしたが、価値のある時間は5％もいかなかったと思います。

本当に価値あることに時間を使わないのは大きな問題です。しかし、そのことに関して何も手を打たないほうがもっと問題です。

- **時間の使い方を変えること**
- **何を優先するかについて考えること**

この2つを行動に移した人は、豊かさを目指す車の運転席に座ったことになります。

毎週3つのゴールをつくる

私はゴール（目標）づくりが大好き。常に1年、あるいは1週間で到達できるゴールを設定し、紙に書いていています。この習慣は自分の目標や進むべき道を明確にするのに役立つだけでなく、時間の無駄づかいからも自分を遠ざけることができます。

生産性の低い（見せかけだけの）仕事をやめ、本当に重要なものと自分の時間と労力をひとつにつなげるためには、毎日書いていた「することリスト」の代わりに、1週間の計画を立てます（私はこれを、「週ごとのペースで金持ちになって、ハッピーに暮らす計画」と呼んでいます）。

毎週（私は毎週、日曜日の夕方と決めています）、ぞくぞくするほど興味深く、刺激のある、絶対到達したい3つのゴールを選びます。ポイントは、3つの目標は必ず紙に書くこと。そしてこのゴールに向かって全身全霊を傾けて取り組みますが、うまくいかなくても自分を責めないこと。

ゴールに到達できなかったときは、どうすると思いますか？　さらに1週間ゴールを先に延ばします。簡単でしょう？　自分を責めず、批判せず、叱ったりしません。背中をたたいて励ましてやり、さらに1週間延ばそうねと言ってあげます。そして、1週間先にゴールを設定し、やはり紙に目標を書きます。

「週ごとのペースで金持ちになって、ハッピーに暮らす計画」は、あなたが自分の人生の設計者になれるチャンスを与えてくれます。1週間ごとに、あなたの選んだ方法で自分の人生を設計し、そのたびにあなたは自分の行き先をさらにクリアにし、目標に向かって気持ちを集中させることができるようになります。

「ビューティフル・マネー」の習慣

ステップ②の最後に、「ビューティフル・マネー」プログラムを実践するための習慣をご紹介しましょう。あなたの毎日の習慣にあてはまるものがあれば、チェックをつけてください。

- □ 毎朝フレッシュな気持ちで目覚める
- □ 私にははっきりとした目標がある
- □ 私のまわりには、いつもポジティブなエネルギーにあふれる人がいる
- □ TVやニュース、人々の放つネガティブなオーラを遮断している
- □ ウォーキング、ヨガ、瞑想、屋外のアクティビティで体を鍛えている
- □ 支出、収入を定期的にチェックしている
- □ 自分の身体に、水、サプリメント、ヘルシーな食べ物などの滋養を与える

□ ゆったりとしたスケジュールで毎日を送っている

□ 頼まれても、ほかにも仕事を抱えていたら、ノーと言う

□ 真摯であることを心がけ、人に気に入られるより、真実を話すようにしている

□ 約束は最低限にとどめ、与えるときは最大のものを与えたいと努力している

□ 必要なときは手助けをお願いする

□ ものごとをあいまいにしておかない

□ カレンダーに空白の部分があってもよい

□ 80／20のルールを使ってゴールを目指している

□ 行動するときは、全神経を集中させる

□ 日々、自分に不要になったものを片づけ、周囲の環境を常にクリーンにしている

□ 車、オフィス、家全体は、常に清潔に保たれている

□ 自分の身体と心を癒すケアを毎日している

□ 1日15分、自己開発の時間をつくっている

□ 悲劇の主人公には決してならないように意識している

□ モノに固執したり、依存したりしない

□ 1日に何回か、あるいはストレスを感じたとき、大きく深呼吸する

□ 睡眠はよく取っている
□ 不健全で不健康なエネルギーは日々吐き出して解消している
□ 愛と自由を優先させている
□ 心と精神にも毎日、栄養を与えている
□ 夜、眠りに落ちる前のひととき、自分を大切にケアする（身も心も）

どのくらいチェックがついたでしょうか？　たった2、3個でも大丈夫。「ビューティフル・マネー」の習慣をできるだけたくさんあなたのライフスタイルに取り入れれば、あなたの身体面にも、感情面にもよい効果があります。

簡単で小さなことから始めてください。私のクライアントに最初にすすめる習慣は、一日中コンスタントに水を飲むこと。簡単なことほど効果があります。

今までの習慣を改め、新しい習慣を取り入れるとき、完璧にしようと思わないでください。あるいは、自分を厳しくしつけようとしないこと。ときには、レールから外れても気にしないで。もっとよい習慣を身につけて軌道修正できます。それは簡単なことです。自分に厳しくしたり、自己批判したりすると、心と身体のかみ合わせが悪くなります。

古い習慣を捨てる

新しい習慣を取り入れるには、同時に古い習慣を捨てることが大切です。

1 やめたいと思っている習慣を書き出す

紙を1枚用意して、あなたがゴールに到達するのを邪魔している古い習慣を書き出してください。できるだけ正直に。誰かに見せるというものではありませんから、ご心配なく。たとえば、「ジャンクフードを食べるのをやめる」あるいは、「寝る前に、メールをチェックするのをやめる」。

2 やめたい習慣を声に出して読む

次に紙に書いた習慣を、声に出して読んでください。自分の書いたものでなく、人の書いたものを読むように客観的に。この練習をすると、あなたの自己批判したくなる気持ちをシフトさせることができます。

3 紙を捨てる

次にこの紙を捨てます。ただゴミ箱に捨てるのではなく、ハサミで切り刻んだり、燃やしたり、風に乗せて飛ばすなど、好きな方法で目の前から消してください。そして、大きく息を吸います。少し時間をかけて気分が高揚する曲を聴いたり、瞑想をしたり、じっと静かに座っているだけでもかまいません。

4 取り入れたい習慣を紙に書く

それからもう1枚紙を取り出し、今度は新しく取り入れる、自分に役に立つ習慣を書いてください。うまくできるかどうか心配することはありません。ただ書くだけでよいのです。書き終えたら、あなたが豊かで、健康に感じられ、心と身体をひとつにするのに役立つはずのその習慣に蛍光ペンでマークをつけましょう。

5 新しい習慣をよく目につくところに貼る

新しい習慣を書いた紙を家のどこかに貼りつけましょう。よく目につくところ（バスルームの鏡とか、冷蔵庫、オフィス、ベッドルームなど）がいいですね。

このエクササイズのポイントは、書き込んだ習慣を本当にあなたのものにすることと。自分に厳しくしないことです。

*「ビューティフル・マネー」ひとくちメモ

チャンス（に見えること）がめぐってきて、それに飛びつくか、それともやり過ごすかを選ぶとき、お金や経済的な理由を判断の基準にしないように。利益をもたらすかもしれない機会をやり過ごすのは、もったいないように見えますが、あなたが心からわくわくしないのなら見送りましょう。

これは私の経験から言えることですが、お金を優先して決断する人は、あとからネガティブな副作用に苦しみます。副作用は、フラストレーション、怒り、不安、ストレス、疲労、過度な興奮、ときには絶望といった形で表れます。

決断するときは、自分の心と直感を信じてください。利益が出る投資をすることも大切ですが、いちばん大事なのはあなたの心と健康を犠牲にしないことです。

ステップ……

3

資産を増やし、管理する

自分自身が銀行になる

経済的な援助もローンも必要のない人生をイメージしてください。なんて自由でパワフルでしょう！　常に資金は潤沢で、あなたのやりたいことをまかなうだけの現金がある生活をイメージしてみてください。あなたのもとに、お金を借りに来る人、不動産担保の相談に来る人、財産のつくり方を聞きに来る人、お金のことについて聞きに来る人、アドバイスを求めてあなたのもとに来る人が後を絶たない。そんな生活をイメージしてみてください。

実は、こんな人生が私の究極の目標なのです。自分自身の銀行になりたい。この考えは、あなたにはピンとこないかもしれません。でも、誰にも資金援助も財政的なアドバイスも求めなくていい人生について考えてみてください。

さあ、自分自身の資産管理の仕方を学びましょう。この法則をどこまで取り入れるか、財産管理についてどれくらい興奮するかは、みなさんの取り組み方で決まります（個人的には、このステップは私の大好きな分野で、お話ししたくてうずうずしているし、胸のわくわくがおさえられません）。

あなたの金銭的な病がどのステージであろうとも、このステップでのアドバイスと戦略で必ずあなたをさらに豊かにして、「ビューティフル・マネー」のゴールへ導くお手伝いをします。

あなたはどのパターン？

- 稼ぐ以上に使う
- 稼いだものは何もかも使う
- 使う以上に貯める
- 何もかも貯める（十分持っていないと不安で、使うのが怖くて貯める）

この時点で、あなたがお金をどう管理してきたかを知ることは大事です。

あなたはいつも使い過ぎるので、足りなくなりそうだと思っていますか？ または、残してもしようがないと思い、毎週、毎週、銀行口座を0にしていますか？（私が20代のときそうでした）　または、銀行口座が底をつくといけないから、10ドル引き出すのもおそるおそるといった状況ですか？　いつまでたっても、十分なお金を持てないのではないかと思っていませんか？　ある日、自分のお金を全部失うのではないかと、恐怖に怯えていませんか？　自分のお金が一体全体どこへ行ってしまったのか、見当もつかないと思っていませんか？

では、あなたがどのパターンに一番近いか、判定してみましょう。ここで重要なのは、自分に正直になることです。自分がどのパターンに入るのかを知ると、これからお金を増やすのに役立ちます。また、あなたにパートナーがいたら、パートナーのお金の貯め方と使い方を知ることも重要です。お互いに相容れないパターンだと、ご想像通り、２人の将来も相容れません。

豊かに生きるためのお金の習慣

豊かになるための習慣を身につけることは調和の取れた富と健康を手に入れ、「ビューティフル・マネー」の流れの中で生きていくのにとても大切です。以下にリストアップした習慣のいくつかは、簡単そうに見えるでしょう。でも、忙し過ぎるとつい怠ってしまいがちなことでもあります。

この習慣を身につけると、ストレスや精神的におしつぶされそうになる機会がぐんと減ります。歩きはじめたばかりの赤ちゃんのようにゆっくりしたステップでも、確実に「ビューティフル・マネー」の世界に向かって進んでいるのです。

□ 稼ぐ以上に使わない
□ 十分に貯金している

□ 現金主義は最高
□ 週ごとに出費のチェックをする
□ ストレス解消のためのショッピングをしない
□ 週ごと、３カ月ごと、１年ごとのゴールを持っている
□ いつもお金に関して学ぶ姿勢を忘れない
□ 失敗から学ぶ心がまえでいる
□ お金のエネルギーをリスペクトしている
□ 自動引き落としで貯金と投資をしている
□ 出費の結果はチェックするが、言い訳はしない
□ 定期的に自分の財政をチェックしている
□ 税金支払いのための戦略法を持っている
□ 私のまわりの人たちはみな、私を高めてくれる人ばかりだ
□ 定期的に銀行口座をチェックし、引き出し額を小さくすることを心がける
□ １年分の税金のためのお金は貯めている
□ 請求書は届いたらすぐに支払う
□ 日々の支出の優先順位を決めてある

□ 悪い負債がない
□ 自分にとって価値のあることやものに優先してお金を使う
□ 欲しいものでなく、必要なものにお金を使う
□ 自分の支出を、ウェブ上で常に確認できるようにしてある
□ 豊かな生活をすることを意識している
□ クレジットカードの使用には限度を設け、きちんと管理している
□ 常に自分の財政管理、不動産管理の整理をしている

このあと、お金の管理に関する豊かになるための習慣についてお話ししますが、その前にお金に関する習慣のなかでも、日常生活の一部となっている重要なものについて考えていきたいと思います。

・無駄づかいをやめる

たとえば、新聞はネットの無料サイトを利用するというように、お金はなるべく使わないようにしましょう。必要でないものにお金を使っていませんか？ 月ごと、あるいは週ごとでも、銀行の利用明細を調べると、どんなところで不必要な出費をして

いるかがわかります。

また、めったに使わない、あるいはもはや役に立たないと思った有料サイトとの契約は解除しましょう。自動支払いのリストをつくって、頻繁にチェックすること。

・現金主義と貯金は最高

半年から1年分くらいまでの総支出をカバーできるくらいの貯金をしておきましょう。もしもあなたに貯金がなかったら、今すぐ、今年の経済的ゴールの目標にしてください（達成する日付を設定してくださいね）。

女性は財政が逼迫《ひっぱく》してくると女性らしさを失ってしまいがちです。緊張、怒り、欲求不満などお金を求める気持ちがそうさせるのです。安心でき、美容に大切な健康的な睡眠を確保するためにも、健全な現金主義を心がけましょう。

お金の心配がなくなると、あなたは再び女性らしさを取り戻し、優しく、優雅で、豊かさに満ちあふれ、なめらかですべすべな肌を取り戻します。だから私は、現金主義はクイーンだと言うのです。

・週ごとに出費のチェックをする

自分の支出を定期的に見直すには、1週間で取った行動にかかった費用のレシートをすべて取っておくことをおすすめします。このレシートを個人のもの、ビジネスのものと仕分けします（これをさらに必要な出費、欲しかったものの出費と分けるといいですね）。

1週間、どんなものに使ったかをたどるために、ノートをつくり、書き込んでいきましょう。毎晩か毎週末、合計額を記入していくと、どんなものにどれくらい使い、どこをカットできるか見えてきます。私は毎週金曜日の夜、財政状態をこうしてチェックします。レシートをファイルし、忘れかけていた請求書が見つかったら支払いを済ませます。すると私はクリーンで爽やかな気分になれて、さらに「ビューティフル・マネー」に近づく準備ができたと両手を広げるのです。

・ストレス解消のためのショッピングをしない

ショッピングは解放された気分になれ、現実逃避ができます。私もストレスがたまるとショッピングで解消していました。でも時間をかけ、ついにこの悪い習慣を断つことができたのです。

ほぼ1年、私はほとんど何も買っていません。服も、靴も、家具も、おしゃれな雑貨も――皆無です。最初は、かなり困難でしたが、そのうちに爽快な気持ちになってきました。お金は生活費と健康のためのアクティビティ（ヨガ、ワークショップ、マッサージなど）だけにあてました。

この1年は、私の人生のなかで一番自由で健康的な年でした。それまで、何と私の生活はむしばまれていたのだろうということにも気づきました。こうして、私は「ビューティフル・マネー」へ正しく向かう道に進むことができたのです。

眠っている間にお金持ちになれる予算計画

この計画は簡単そうに聞こえますが、実はかなりハイレベルな予算計画です。自動的に貯蓄できるというのは、最高に楽で、効果的な方法で、豊かさと経済的な自由に向かって確実に進みます。さあ、今日から始めましょう。

収入は、次のように分配するのがおすすめです。

- **生活費：50％**
- **投資・貯蓄：25％**
- **ライフスタイル：25％**

ただし、都市部に暮らしている場合は家賃や物価が高いので、生活費を60％にしましょう。

投資と貯蓄に25%

この数字は、あなたの感覚からすると高めかもしれません。しかしこの予算内で貯蓄も投資もするわけです。この25%には次の口座も入ります。

・半年分の支出額を貯金しておく口座

少なくとも半年分の支出をまかなえる分くらいのお金を常時貯めておくこと。突然収入が途絶えたり、投資したりするときなどに役立ちます。

もし、まだこのお金を用意できていなかったら、少なくとも6カ月分の支出に該当する金額の貯金を翌年中にしてください。すでに貯金を始めていれば、1年分の給料と同じ額を用意しましょう。まだ何も計画していない人は、すぐに始めること。

・税金のための口座

あなたが自営か雇用かにもよりますが、この口座にも余分のお金を入れておくとよいでしょう。個人事業主や企業家は、税金を自分で払います。ここにどれくらい用意しておけばよいかはみなさんのほうが詳しいと思います。あなたが毎月の給料から税金を天引きされていたら、給料からこの口座に少しずつ入れておきます。収入が変わったり、家族の税金のシステムが変わったりしたら、ここに貯めてあったお金を使いましょう。

・貯金用の口座

この口座は、あなたが貯金したいときにお金を入れる口座です。あなたの収入の5％を目安に、毎月入れましょう。可能なら、自動引き落としにしましょう。ある一定のまとまった額（1000ドルとか5000ドルとか）になったとき、直接資産に投入すれば、証書つきの立派な資産がつくれます。手軽に資産がつくれるよい方法です。

生命保険も税金の控除になり、賢い資産運用になると思います。掛け金をてこにして、満期のときに掛け金以上のお金が戻ってくる仕組みは純資産を増やすよい方法だと思います。

ライフスタイルに25％

「ライフスタイルに使う現金」は旅行、衣服、食事などに使うものです。「ビューティフル・マネー」プログラムでの、このカテゴリーの支出は、あなたが大切にしているものとつながっているアクティビティに費やすお金となります。

私の場合は、このカテゴリーのお金は、主に私の大好きなもの——ヨガのクラス、フィットネス、旅行あるいは自己成長のためのセミナーの会費など——のために使います。そして残りは、投資に使っています。私と夫は、たとえば、土地の値段がまだついていない未開発のどこかの島を買うかもしれませんし、将来有望なベンチャー企業を立ち上げるかもしれません。

あなたが、まだ貯蓄していなかったり、貯金が少なかったりしたら、まず生活費を今より10％切りつめてみてください。お金との関係がまだうまくいっていなかったころの私は、貯金するのが苦痛でした。そこで一念発起してまず、1年だけ、無駄な支出を凍結してお金の使い方のパターンをシフトしました。難しそうに聞こえるし、不可能にすら思えるかもしれません。でも、この試練を乗り越えるとライフスタイルは素晴らしく変わります。

今は、ライフスタイルに使う現金は、旅行、フィットネス、ヨガ、健康のための食べ物に使っています。このカテゴリーに入らないものは、私には重要ではないのです。心と頭を空にしてマインドフルネスな状態になる鍛錬を積むと、重要でないものが見えてきます。自分で一生懸命働いて貯めたお金を重要でないものに使いたくはありません。

でも、だからと言って、過去を悔やんだりはしていません。心の鍛錬はどんなときにも役に立ちます。

自動的に貯蓄をするのは、やさしそうに思えますし、実際してみると簡単です。でも、その結果には驚かされます。あまりの勢いでお金が貯まっていくので、最初は信じられないかもしれません。まだ行動に移っていなくても、パターンをつくってしまえば簡単です。あとは目的に向かって進めばいいのです。家族を持っていなくて、でも、いつかは家族を持ちたい人は、すぐに貯金を始めましょう。

＊「ビューティフル・マネー」ひとくちメモ

不必要なものを買ったり、あまり注意も払わずに買い物したりするというのがあなたの悪い癖だったら、おすすめの解決法があります。意味のない買い物（必要ではないのに買ってしまうもの）のための限度額を設定するのです。

最低10ドルから上限100ドルくらいに決めて、週の初めにATMで引き出し、1週間、好きなものに使うことにします。すると、あなたはきっと、それまでどんなときに、どんな場所で、どんなふうにお金を使っていたのか気がつくと思います。あなたの役にも立たず、あなたをハッピーにもしてくれないつまらないものにお金を使ってきたことに、ショックを覚えるでしょう。

給料以外の収入をつくる

あなたが個人事業主ではなく誰かに雇われて仕事をしているなら、給料はあなたの富を築く大切な道具。でも、給料だけでは大きな富を築くのに限界があります。ほかにも収入の手段があったらどんなに素敵でしょう。豊かな富を築きたければ、いくつか複数のところからお金が入ってくるように計画を立てること。

一般的には、次のような収入源が考えられます。

・不労所得

家賃収入が一般的な不労所得です。あるいは、以前働いて成果を上げ、そこからお金が入ってくる仕組み。書籍などの印税などがそうです。

・大きな資産

不動産がそうです。土地もこのカテゴリーに入ります。

・現金
給料、パートタイムの時給、その他の流動性のある当座資産が、該当します。

・投資
株式、債券、投資信託など。

・その他
お金に変わるものなら何でも。売ったり、現金化したりできる、車、宝石、古美術品、蒐集品など。

不労所得について考える

不労所得についても、もしあなたがまだ持っていなかったら、知っておいてください。でも、これは誰もが持てるというものではありません。あなたが、不労所得や、不動産を持つことに関心がなければ、持つ必要はありません。でも、収入源を複数持つことだけはおすすめします。

私が複数の収入源ということを知ったときは、まだ不労所得は何も入ってきていませんでした。そこで、不労所得について勉強し、いろいろリサーチして、心強いパートナーを選びました。私自身は、最初はある優良企業でパートタイマーとして働き(週2、3時間)、いろいろな人と知り合いました。

複数の不動産を購入し、請求書はすべてそこから得た収入で支払い、夢の貯蓄をしました。私と夫は、家族のためにインターナショナルなライフスタイルを好んだのですが、不動産からの収入がなかったら、理想の生活はできなかったと思います。

不労所得は自由もつくり出してくれます。自由こそが私の人生で一番欲しかったものです。好きなときに休暇を取ることもできました。健康で満ちたりた気持ちで眠りたかった私ですが、不労所得は、その願いをかなえてくれました。それらの貯金から私の夢のプロジェクトを立ち上げることもできました。また、不労所得のおかげで世界中の素晴らしい師匠につくこともできましたし、夢とゴールを見失うこともありませんでした。

土地を購入したり、投資をしたりと、人によって不労所得の好みはさまざま、どんな収入でもかまいません。

人の力を借りる

一人でなんとかしようとせず、人の力を借りるということは、豊かになろうとするときに大変重要となります。仕事に行き詰まったり、仕事に疲れ果てたりするのは一人で抱え込み過ぎているから。自尊心のおかげで、自分一人で何もかもしようとして、破産したり、窮地に追いやられたり、という例をたくさん見てきました。特に、女性にこの傾向が多く見られるようです。

何でも一人でできると思うのは大間違い。自分をコントロールすることをやめて、もっと自由になれれば、自分のしたいことができるようになります。

十分な額の貯金を持っておく

現金主義は最高。この考えは本書を書き始めてからずっと変わりません。請求書を払うのにも、日々の暮らしにも現金は必要です。私のところに駆け込んでくる人たちのほとんどが、金銭トラブルを抱えています。

10万ドルか100万ドルがいつもあなたの手元にあり、必要なときに使えるとわかって毎晩眠っているところを想像してみてください。そう思っただけで、創造力がわいてきて、安心して心地よく眠りにつけると思いませんか？　とても守られている感じがしませんか？　常に自由に使える現金があるということは心身ともに心地いいものです。

これは基本ですが、十分な現金がないということは問題です。安心して、守られているといった感じがしません。お金を追い求めることに時間を費やし、成功することばかり考えて焦燥に駆られます。お金に困窮していると、身体中の細胞が緊張状態となります。すると、機嫌も悪くなり、リラックスできなくなって、夜も眠れなくなります。

レバレッジを利用した投資や、不動産を持つことも大事ですが、まずは現金に不自由しないこと。そこで、投資をしたり不動産を買ったりするときは、手持ちの現金がなくならないように、気をつけるように。

税金対策を怠らない

税金対策は重要です。あなたがすでに十分なお金を持っていても、これから資産を築くところだったとしても、税金についてよく知っておくことは大切です。

もし、税金について勉強不足だったり、まわりに税金に詳しい人がいなかったりしたら、「ビューティフル・マネー」プログラムを始める前に、税金についてきちんと知っておきましょう。

まず、資本利息について学び、会社をつくりたかったら、株式会社について勉強すること。税金対策について学んでからは、税金問題は私の大好きな分野のひとつになりました。税金についてエキスパートから教えてもらったことはすべて自分のものとし、さらにもっとほかに戦略法はないかと探したものです。

「税金」と聞くとビクビクする人がいるでしょう。そんな人は、エキスパートを探し、正しく指導してもらうこと。「ビューティフル・マネー」プログラムの現金の流れが活発化してきたら、常に現金に目を光らせていましょう。

税金を払うということは重要で健全なことです。でも、払い過ぎは「ビューティフル・マネー」プログラムの目的に反します。以前、私は何年間か、払い過ぎていたことがありました。それは私の勉強不足だったからです。

エキスパートを探すときは、斡旋所でいくつか会計事務所を紹介してもらい、公認会計士と面接をしましょう。必ず数名面接してそのなかから選ぶこと。まず経験の深さに重点をおきますが、健全な人格にポイントをおくのも同じくらい重要です。

「ビューティフル・マネー」プログラムのチームをつくる

あなたがどれくらいの資産を持っているかは関係なく、「ビューティフル・マネー」チームをつくることをおすすめします。

1人か2人、公認会計士、あるいはフィナンシャルアドバイザーを味方につけておくとよいでしょう。投資に詳しい人もよいと思います。「ビューティフル・マネー」プログラムの初心者のあなたには、どんどん増えていく自分自身のお金の管理をエキスパートのチームにまかせることをおすすめします。

相談する人を選ぶときは、個人的にもプロフェッショナルのレベルでも、よい人材を選びましょう。最初に面接した人に決めるのでなく、何人にも会ってください。あなたの大切な資産を扱うのですから、肩書のある人でも紹介だけで雇わずに、面接をして人柄を見ること。あなたの敬服する友達や身内、師匠たちのなかから選んでもいいと思います。

どんなときも、あなたとうまくやっていけるか、あなたの家族ともうまくやっていけるか、よく考えましょう。紹介状があっても、その人が適材かどうか考えるのはあなたの仕事です。

私は人を雇うとき、大きな失敗をした経験があります。紹介状を送ってくれる人を信頼し過ぎて、よく人柄を見ずに雇ってしまったのです。でも、これもよい経験でした。素晴らしい紹介状があっても、我慢強く見極めて決めるようにしてください。

あなたが企業で働いていたら、その企業で契約雇用されているフィナンシャルアドバイザーにアドバイスをお願いしてもいいと思います。あなたが個人事業主だったら、あなたの事業やそれに関する経費、税金対策を熟知して経験も積んでいる会計士を雇うといいでしょう。請求書や領収書の管理などが得意でない人は、経理担当者を雇うのもおすすめです。

あなたのすることは、誰かを雇う前に、自分のゴールをはっきりとさせることです。自分の欲しいものがわかっていて、素晴らしい富を築きたかったら、自分のゴールをはっきりさせ、これから雇う人とも同じ考えを持てるようにしたいものです。

あなたの雇った人が、あなたにはもはや必要ないとわかったら、辞めてもらいましょう。雇った人が管理していても、扱っているのはあなたのお金です。これだけは忘れないように。面接のとき私がする質問は主にふたつです。

1 私が目標としているゴールに向かうのに、どんな手助けをしてくれますか?

2 あなたの得意分野での経験を話してください

質問を特定して細かく尋ねると、相手のこともさらによくわかってきて、その人があなたとあなたの状況にぴったりかどうかという判断の助けとなります。

豊かな富を築くにはいろいろな方法があります。レバレッジを利用し、常に現金主義を心がけ、税金にはきちんと対策をして、もうけを資本に投入していけば、「ビューティフル・マネー」の建設的で持続可能な素晴らしい流れができ、あなたを次の素晴らしいレベルへと導いてくれます――自分の目的を絵にする。それが第4週です。

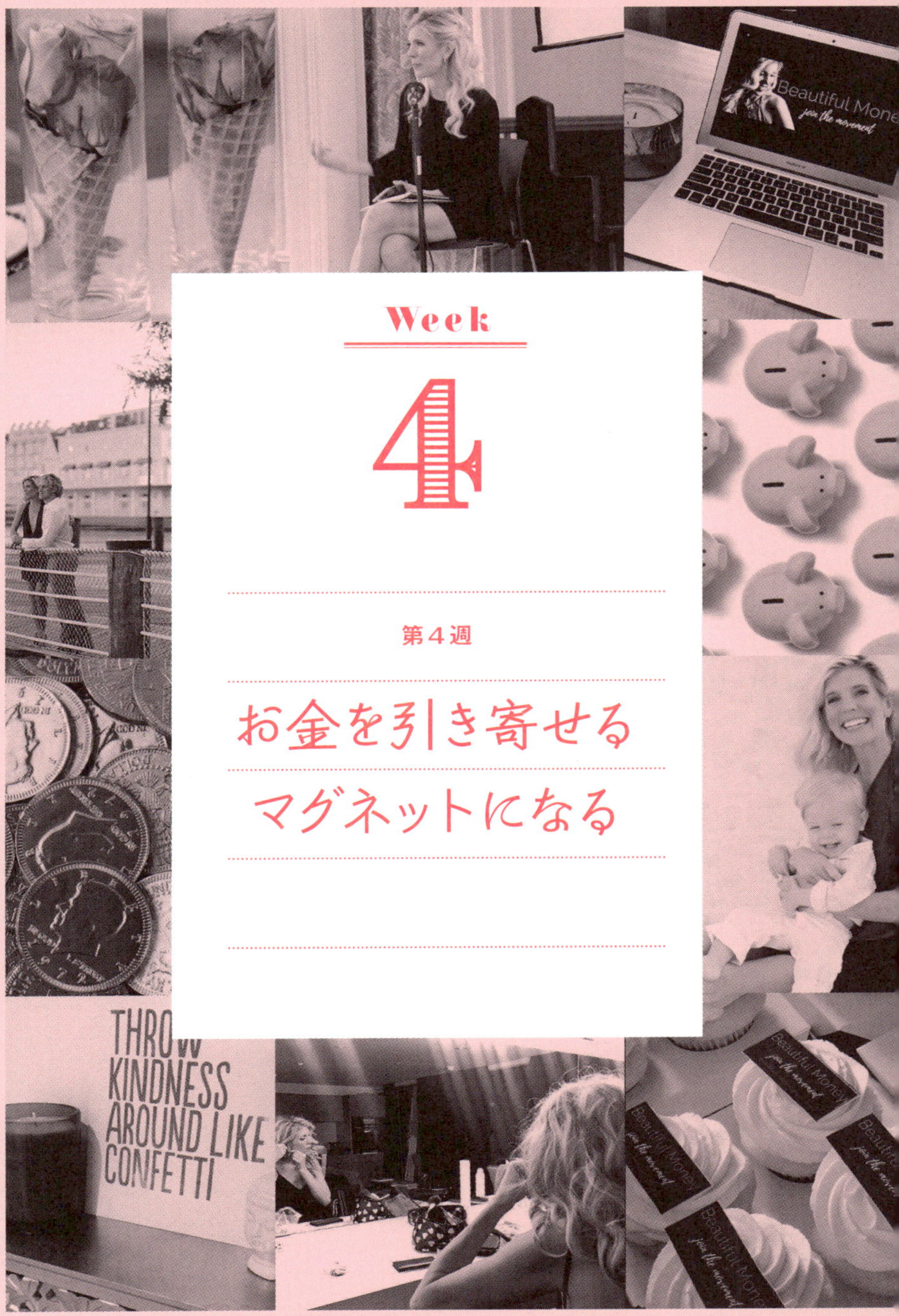

Week

4

第４週

お金を引き寄せる
マグネットになる

実は、この第4章は私のお気に入りのチャプターなのです！

私たちは、これまでの3週間で身辺を整理整頓してスペースをつくり、新しいライフスタイルを築いてきました。その生活からは収入がさらに増えることが期待され、日々それらの習慣を実践することにより自信を身につけ、真の豊かさの意味を学んできました。さて、ここからはクリエイティブな精神とエネルギーを使って私たちのビジョンを具体的な結果に変えることを考えましょう。

ステップ……1

3つのゴールを設定する

将来純資産を確実に増やしたいというあなたの意志を具体化するために必要な、明快で、細心の注意を必要とする決断の仕方をお教えします。あなたが心から望むものを手に入れるための原動力を与えてくれる、素晴らしく、効果的で、しかも大胆なゴールを3つ設定して、あなたが頭のなかで考えていることを行動に移してもらいます。

ステップ……2

ぶれずに自分の道を進む

では、あなたがどこへ行っても、お金を引き寄せるマネー・マグネットになる秘訣をお教えします。そして、お金ばかり追いかける「マネー・モンスター（ただただお金持ちになりたくて、お金を生み出す方法ばかり考えて燃え尽きてしまう人）」にはならない方法も。これは「ビューティフル・マネー」の真逆を行く人のことです。また、「ビューティフル・マネー」プログラムを実践し、本当に豊かな人生に向かう途中にやってくる邪魔者。彼らの撃退法も教えます。

ステップ……3 真摯に生きる

最後の第3ステップでは、4つのL（Leadership、Leverage、Legacy、Love）について説明します。4つのLは、「ビューティフル・マネー」プログラムを実践するときに欠かせないもの。そして、「ビューティフル・マネー」プログラムを実践して起こした変化をあなたが維持するのをサポートし、あなたを目的地へと導いてくれるものです。

ステップ……

1

3つのゴールを設定する

DREAMゴールを設定する

純資産を増やすためには、まずは明確なゴールを設定することが必要です。私が考案した「DREAMゴール」を紹介します。

DREAMゴールはクリエイティブでインスピレーションにあふれ、わくわくしながらゴールに向かえる方法なのです。

ゴールの設定をするテクニックは理論的ですが、わくわくしたものにするために、愛を忘れないでください。DREAMゴールを現実のものにするときは、頭と愛が必要なのです。

DREAMゴールは5つの要素からなっています。

- **夢（Dream）**

夢は常に私たちをインスパイアして、イマジネーションをかきたててくれます。あなたの夢を起点に考えていきましょう。

・紙に書く（Record）

DREAMゴールは紙に書くように。シンプルで、明瞭で、パワフルな言葉で表現しましょう。「私は～を持っている」「私は～です」というように主語を入れると、クリエイティブで、実現可能なエネルギーが生まれます。DREAMゴールには期限をつけるといいでしょう。急がせるわけではないし、正確な日付を入れるわけではありませんが、期限をつけることで、だらだら引き延ばさなくなります。

・わくわくする（Emotional）

DREAMゴールには、わくわく感と、エネルギーがチャージされるものがなくてはなりません——心の底から興奮し、早く行動に移したくなるものであるように。

・すべて一体となる（All-in）

DREAMゴールを絶対に実現できるという意味を持たせます——心と身体と魂を

ひとつ（all-in）にすれば、ＤＲＥＡＭは現実のものになるという期待感あふれるものであるように。

・無限に遠くないもの（Measurable）

ゴールを無限に遠くない（measurable）ものにするということは、素晴らしいアイデアです。目標達成の日付を設定し、手に入れるものが見えていると、やる気はわいてきます。時間はもっとも貴重な資産なのです。

ＤＲＥＡＭゴールには、こういう意味を持たせました。私たちはイマジネーションをふくらませ、頭のなかを駆け巡らせなくてはならない。そのためには居心地のよいところから外に出るチャレンジ精神が必要です。いつも夢に向かって目標に気持ちを集中させ、鍛錬を怠らずに邁進しましょう。そこにはきっと豊かで、素晴らしい、満ち足りた生活が待っています。

ＤＲＥＡＭに向かって、あなたは全神経を集中させ、鍛錬を積みつつ進んでいきます。ちょうど、プロのアスリートのように。彼らも次の試合に向けて、ストイックに鍛錬を積み、練習に集中して進んでいきます。

ＤＲＥＡＭゴールを目指すあなたはメンタル・マラソンランナーとも言えます。そんなあなたやアスリートたちが常にぶれない目標を目指し、心と身体と頭をひとつにして夢に立ち向かっていくとき、世界はあなたの味方となり、どんなことでも起こしてしまう力を与えてくれます。途中、迷いが起きても、あなたの最初の目標を忘れずに。直感を信じて。

３つのゴールを設定する

では、あなたのＤＲＥＡＭゴールを３つ、紙に書いてください。これから12カ月間の豊かで、喜びあふれ、わくわくし、インスパイアされるものを選んでください。

ゴール 1 あなたのこの1年の収入を設定する

もちろん、現収入より上回ったものです。この数字に少し尻込みするかもしれませんが、わくわく感は大きいはず。

この数字は、あなたを勇気づけ、その数字により、あなたのスキルは伸び、習慣は改善され、自分自身をよく知るようになれます。すると収入はどんどん増えて、あふれんばかりになります。

途中で、このあたりでもいいと思い、心地いいところに戻ってしまうと、突然数字は伸び悩みます。たとえばあなたが年間5万ドルを稼いでいたら、50万ドルを目指します。7万5千ドルとか10万ドルは、「ビューティフル・マネー」プログラムを学んでいる人には中途半端過ぎます。

目標は、恐れとすれすれのところ、と言って吐き気をもよおすほどではないところに設けるとよい、ということを忘れないこと。

ゴール ② あなたの「4本の柱」の1本を反映させる目標を設定する

私の場合は、健康面を関連づけました。ある年は、ヨガのインストラクターの資格を取ることを目標にしました。また、別の年は、フルマラソンに参加して完走すること。健康のカテゴリーに入るものを設定しなくてはならないというルールはありません。しかし、ゴール②には、あなたが大切に思う、自分の内面を反映するものを選ぶようにしてください。

ゴール ③ クリエイティブな目標を設定する

あなたが人生で、夢に描いていたものなら何でもいいです。会社勤めを辞めることでも、起業家になることでも、海外に不動産を買うことでも、単に新しいキャリアを目指すことでも、新しく情熱を傾けられるものを見つけることでも、何でもいいのです。私のゴール③であり、数年来の夢は、『ビューティフル・マネー』を出版することでした。

このゴールは、財政、ビジネスに関係するものを設定するのが望ましいです。あなたの夢が国外に住むこと、新しく仕事を始めることなどだったら特に。あなたのクリエイティブな才能を引き出すものでもかまいません。あなたの秘めたるクリエイティブな才能――ダンス、執筆、マーケティング、ビジネス、芸術、音楽など――は、夢を実現させるエネルギーを持っているのです。

3つのゴールが決まったら、到達しようと思う日付も設定します。1年後、9カ月後、6カ月後というように。

3つのゴールはあなたがいつも夢に描いていたものにしましょう。そして、クリエイティブなエネルギーがじわじわとわいてくるようなもの。そして、このときは小さな夢を設定しないこと。達成できないのではないかとビクビクして小さな夢にしてしまわないように。

大きな夢を描き、勇敢に、そして本当に美しく生きるときなのです。

私の3つのゴールを書いた紙はフレームに入れて、オフィスの壁にかけてあります——ちょうど私の目の前に。2015年に作成したものを参考までに紹介します。

私、リアン・ジェイコブズは2015年にこのゴールを作成し、次の3つのゴールにエネルギーを注ぎたいと思います。

ゴール①：2015年12月31日までに、楽しみながら収入を（数字を入れる）まで達成させたい。

ゴール②：2015年7月1日までに、幸せで健康なベイビーが生まれる。

ゴール③：2015年9月1日までに、『ビューティフル・マネー』出版の契約を結ぶ。

文章は現在形で、エネルギーを込めて書くと効果的です。準備は整い、これからチャレンジしようという心意気を表わし、今までやりたいと思っていたけれど、まだ勇気がわかなくてできなかったことを追求していきたいという気持ちを盛り込みましょう。

それぞれのゴールは具体的で、シンプルなものにしましょう。たとえば、イエスかノーで評価できるもの、量がはっきりしているものなど。「ビジネスを成功させたい」など、一般的であいまいなものは避けてください。

日付は少し余裕を持たせて設定するとよいでしょう。そして、期限を気にし過ぎないこと。ときには、別のゴールが頭に浮かんできて、スケジュール通りにいかないこともあります。人生におけるゲームでは、あまりまじめになり過ぎないことです。

「ビューティフル・マネー」マップをつくる

最後に、今まで学んできたことの集大成として、「ビューティフル・マネー」マップをつくります。このマップは、豊かな富に向かって進む道を目で見てすぐにわかるように表わしたものです。

1 1枚の紙とペンを用意する

紙はどんなものでもかまいません。プリンター用、ノートから1枚切り取った紙、厚紙、ブリストル紙、便せん——あなたの創造力をかきたてるものなら、何でもいいのです。書く道具も何でも大丈夫。紫色のカラーペンでも、カリグラフィー用のペンでも、好きなものを使ってください。

2 紙の中央に純資産のゴールを書く

あなたの純資産を柱になるように書く。目標を、1年刻みに上に向けて記していく。2018年にスタートした5年目標の柱は、こんな感じです。

純資産

2023年	○○万円
2022年	○○万円
2021年	○○万円
2020年	○○万円
2019年	○○万円

どれくらいまで達成できるか考えるのは、わくわくします。これをチェックすれば、経済的にどれくらいまで達成できたか客観的にわかります。

でも、目標達成にばかり気を取られないように。当然、ゴール通りにいかないこともあるでしょう。でも、目標の数字を見すえ、設定の数字を超えるくらいの気持ちで、ゴールに向かうのです。予定の年に純資産が目標まで達しなかったら、少し設定の日付を伸ばします。大事なのはゴールに到達することなのですから。

「ビューティフルマネー」マップ

{ Beautiful money map }

「なぜ」の文で判明したあなたが大切にしていること

ex）自分に優しく、家族を大切にする。生涯好奇心を持ち、学び続ける。

あなたの仕事、スキル

ex）会計の仕事、接客スキル、ヨガ講師…

純資産のゴール

2023年　○○万円
2022年　○○万円
2021年　○○万円
2020年　○○万円
2019年　○○万円

あなたの好きなこと、やりたいこと

ex）ヨガ、のんびりした暮らし、海外旅行…

手順に従って、あなたの「ビューティフルマネー」マップをつくりましょう。

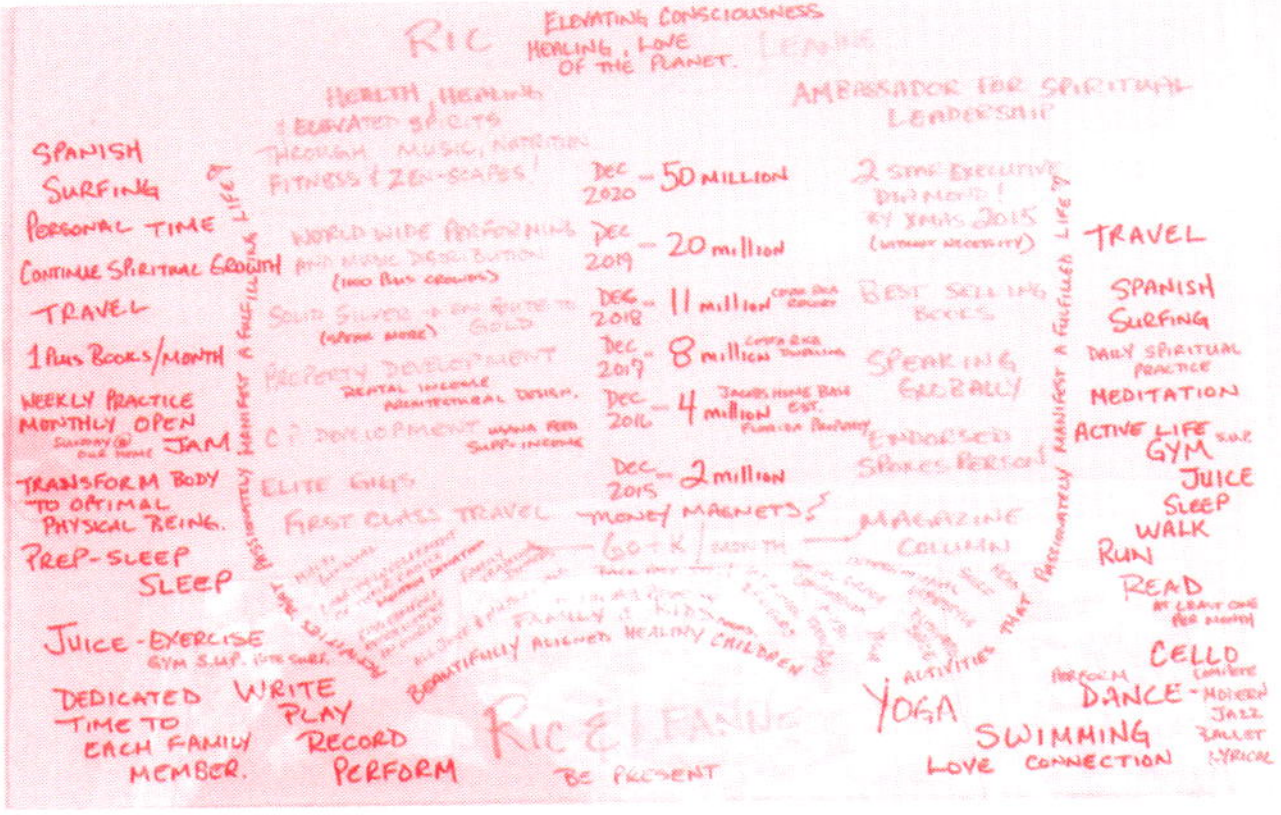

夫と私の「ビューティフルマネー」マップ

3 純資産の片側に、あなたの願い、情熱、好きな行動（睡眠、ヨガ、ランニング、読書、サーフィン、執筆——何でも）を書き込む

これらの行動は、あなたをインスパイアするものにしてください。ゴールの目標、モチベーションのもと、読書したい本、イベント、鍛錬、参加するワークショップのコース名。どんなものでも、あなたが楽しくなれるもの。

4 その反対側に、あなたの現在の収入を生み出す仕事と現在持っているスキルを書く。今後、収入を生み出す可能性のあるスキルも書く

柱の反対側は、あなたの現在の収入源と、今後入ってくると予測される別の収入を書き、純資産を増やす戦略を立てる準備をします（「ビューティフル・マネー」プログラムを実践するときに使うスキルやアクティビティも入れましょう）。

あなたがカップルで仕事をしていたら、あなたとパートナーとで、一緒にマップを描き、柱の両サイドにそれぞれの目標の純資産を設定します。

自由人の夫と私はマップに、眠ること、フレッシュな果物のジュースを飲む、サプリメントを摂る、ヨガ、フィットネス、旅行、音楽、読書なども書き込んでいます。エネルギーを注入してくれるものは私たちに満足感を与えてくれて、私たちの身体、頭、心にエネルギーを注ぎ込んでくれるからです。もしも私たちが、毎日の生活でこれらの分野での活動をないがしろにしたら、きっと満たされない思いがつのり、お金を手にしたとしても、楽しい、幸せなお金ではなくなります。「ビューティフル・マネー」ともつながっていません。私たちが楽しく感じるアクティビティをマップに加えると、目標がはっきりして、日々目的を持って暮らすことができます。マップを見るたびに何が重要か思い出させてくれるからです。

5 マップの一番上に、あなたの「なぜ（もしくは、あなたが日々していることの基盤となり、またそれに関連している言葉）」を書き込む

私たちのマップに、夫と私は「地球上の癒しと愛」「自分の意識を高める」と書き込んでいます。これが私たちの「なぜ」なのです。つまり、なぜ朝目覚めるか、ということです。日々、このような意識の高いことをするという意味ではありません。でも、私たちが道から外れそうになったとき、この言葉を思い出すのです。すると、私たちは再び、道に戻ることができます。（道から外れそうになったら）リセットして、もう一度意識を集中させ、「ビューティフル・マネー」プログラムに戻ります。

マップの一番上に掲げるあなたの「なぜ」に沿ったアイデアや主義はシンプルなものを選びましょう。私のクライアントの一人は「経験はものより大切」と書いています。彼女は、自分がお金を使ってしまった「もの」を二度と選ばないように自分を戒めているのです。何でも自由に選びましょう。

6 子どもがいたら、家族のマップも書き込む

夫と私はマップの一番下にスペースをつくり、家族として大切にしたいものを書くようにしています。たとえば、アクティビティ、健康、ライフスタイルなどに関して、「リーダーシップ力を伸ばす教育をしたい」など。私たちは子どもたちにはいつも、人には偏見を持たず親切にすることと教えています。

子どもたちが成長したら、家族の一員として彼らにも「ビューティフル・マネー」の原理を教え、一緒にマップをつくっていきたいと思います。子どもたちは早いうちから夢に描いたり行動したりする習慣が身につきます。

クリエイティブなマップにする

一般的なルールとして、マップのそれぞれの分野に何を書くかは自由です。でもで

きるだけ、創造性と芸術性を持たせること！　私は、「ビューティフル・マネー」マップをベッドルームに飾っています。すると、私と夫は朝起きたら一番に見ることができます。マップを眺めて、自分たちが地図のどこにいるかを知ると、気持ちが明るくなり、エネルギーがわき、その日、あるいはその週、あるいはその月……、一生涯でも、何をゴールにして生活すればよいかはっきりした目標をつくれます。

私はマップのフレームを早朝、ちょうど日の光が降り注ぐところにおいていま す。光に照らされたマップは、その瞬間、文字通りくっきりと浮かび上がり、現実味を帯びて見えてくるのです。

「ビューティフル・マネー」マップの目的はゴールをはっきりとさせ、限られた貴重な時間をいかにうまく使うか、私たちにリマインドをかけることです。 人生はあまりにあわただしいので、私たちは本当にしたいことや、私たちの最高の望みにつながるアクティビティを、ともするとあきらめがちです。常に注意深く暮らすことをせず、つまらない、インスパイアされない人生のレールに乗ってしまうと、何もできません。

最悪なのは、他人から指図される人生のレールに乗ってしまうこと——自分の人生とも感じられないのは、他人のご機嫌ばかりとり、自分をまわりに合わせようと必死になっているからです。

自分がどこにいるかひと目でわかるこのマップは――ベッドルームにおいても、オフィスにおいても、バスルームにおいても、どこにおいてもかまいません――自分がイメージして自分のものにしたいと思っている人生の計画を思い出させてくれるのです。

このマップを見るたびに、書かれている言葉とゴールからインスパイアされるように。マップをじっと眺め、ちゃんと自分が目的を持ってゴールに向かっていれば、収入は自然に上がってきます。

もちろん、それにはタイミングというものがあり、いつもうまくいくわけではありません。でも、私たちが成長するにつれ、夢に描いたものは少しずつ現実に近づいていきます。

「ビューティフル・マネー」マップの真の力は、必要なときに私たちにモチベーションをわかせ、ゴールへと後押ししてくれることです。「ビューティフル・マネー」プログラムの秘密のひとつは、日々、自分でモチベーションをあげる方法を学べること。そしてマップは、あなたのモチベーションを維持してくれます。

あなたは毎朝、インスパイアされた状態で目覚め、やる気満々で、自分の人生の主導権を握って生活できるのです。

ステップ……

2

ぶれずに自分の道を進む

壁にぶつかったとき役立つ15の考え方

「ビューティフル・マネー」プログラム最後のレッスンでは、自分が「お金を引き寄せるマグネット（マネー・マグネット）」になる方法を学びます。これは同時に、人生、自尊心、他人、世界があなたに投げかけてくる問題に振り回されそうになったとき、ぶれずにしっかり自分の道を歩むためでもあるのです。

豊かな人生を目指すなかで、どう対処してよいかわからない出来事にぶつかったとき——たとえば結婚とか離婚とか転職とか妊娠といったライフスタイルが大きく変わる経験をしたとき——役立つのが、「マネー・マグネット」の考え方です。

1 豊かな人生に向かう流れのなかに常に自分をおいておく

経済的にクリアな状態にしておくこと、これまでに学んだ習慣を常に実践していること、自分によい影響を与える人たちのなかにいること。これらを常に心がけると、あなたはぶれることなくまっすぐ、豊かな人生への道を歩むでしょう。

2 お金について勉強し、よい師匠を探す

骨身を惜しまず勉強すること。日々、学び、成長し続けることは、とても重要です。これは私の経験から知ったのですが、学び、成長することをやめると（居心地のよいところやつまらないところにすっぽりはまってしまったとき）、「ビューティフル・マネー」の流れはスローダウンしてしまいます。

私はまた、経済書の著者やブロガーに、私の師匠になってもらえないかとお願いします。敬愛するエキスパートたちとお近づきになろうとするのは、かなりビクビクしますが、意外にも彼らは、気軽に助言をしてくれます。彼らに助言をお願いし、そのお返しに夕食を誘ったり、ワインかコーヒーを飲みに誘ったりして、彼らに時間をさいてもらいます。たぶん、うまくインタビューできるでしょう（たとえ5分でも）。その効果には驚くものがあります。

3 出し惜しみをしない

「ビューティフル・マネー」では、原則的には「稼いだだけ与える」がルールで

す。とはいえ、このルールをいつも優先させるのは現実的には難しいかもしれません。でも、最近収入が増えない、お金の流れが滞っていると感じたら、自分が出し惜しみをしていないかチェックしましょう。

世界は、あなたが気前よくすればご褒美をくれます。あなたがお金を出すことを渋ると、とたんに収入は減ります。

4 人生のリーダーシップをとる

これは、自分のことは自分で責任を持つ、ということです。家庭でも、職場でも、素晴らしいリーダーとなりましょう。決して散らかり放題にせず、時間の無駄となるアクティビティには参加しないで、タイトなスケジュールに少しスペースを与えて軽くしてあげてください。

そして波瀾万丈な生活とはお別れすること。効率のよい仕事をして、自分自身のよいリーダーとなるように。すると、日々、少しずつあなたは輝き始めます。

5 結果を受け入れ、言い訳をしない

うまくいかなかったとき、外の世界や他人のせいにするのは簡単です。でも仕事と

プライベートどちらにおいても、うまくいこうと失敗しようと、すべて自分自身に責任があるのです。

私たちはとかく言い訳ばかりしますが、言い訳が多いなと感じたら、心と頭を空にしてマインドフルネスになりましょう。まわりの世界や他人への非難をやめたら、結果を出すための努力に全神経を集中させること。悪口大会はやめて、結果の出るのを待つのです。

6 健全な方法でお金を稼ぐ

私のクライアントのなかに、こんな人たちがいます。一生懸命に働いても結果の出ない人、お金を生み出す方法がわからない人、お金を稼ぐことに疲れ果てている人、自分の仕事が嫌いな人……。こういった人たちは収入を得ていても、その方法を素晴らしい（あるいは健全）と感じられないのです。

お金を生み出す手段や仕事は自分にあったものを選びましょう。自分が本当にやりたいこととつながるものを選ぶように。仕事は自分の内面の大切なものとつながっているものを選ぶこと。あなたが本当にやりたいこととつながっていて、あなたを成功へ導いてくれる仕事を選ぶように。

7 お金を生み出す仕事に集中する

次のレベルにいくために、本当にお金をつくり出すものにだけ集中し、ほかのことに時間を使わないようにしましょう。

8 時間の生産性を上げる

スケジュールをにらみ、時間の無駄となるものは省きましょう。10時間テレビを観ていたり、フェイスブックを常にチェックしたりしているのは非生産的です。無駄な時間と活動はすぐにやめ、あなたの能力を最大限に発揮できるよう時間は常に整理しておくこと。意識していないとすぐにさまざまなものがスケジュールに忍び込み、占領してしまいます。

9 システム、レバレッジ、ネットワークをつくる

今している仕事以外に収入を得ることを検討している人におすすめのものがあります。

無駄な作業をなくすシステムをつくりましょう。たとえば、あなたが新しいクライ

アントとの仕事やプロジェクトに取り組むたびにつくり変えていたルールや交渉をしなくてよくなったらどうでしょう？　これは、あらかじめメールでレターのひな型をつくっておいて、いつもそれを使ってメールを出すのと同じくらい簡単です。

働く時間とお金の関係にレバレッジをきかせましょう。あなたが馬車馬のようになって働かなくても、また何から何まで自分でしなくても、お金が入ってくる方法を学ぶのです。それが、レバレッジなのです。あなたが眠っているときも、休暇をとっているときも、お金が入ってくるようにできないか考えるとよいですね。

あなたのスキルを共有し、助け合えるネットワークをつくりましょう。昨今、ソーシャル・ネットワークに参加するのは、楽しみのひとつとなりました。オンラインでアカウントを取得し、あなたのスキルを社会と共有するのは、興味さえあればとても簡単にできます。

ソーシャル・ネットワークは、同じ趣味を持ち、同じ目的を持つ人たちが集まっています。そこに集う人たちはとても協力的で、あなたの収入を増やす手伝いもしてくれます。あなたとあなたの才能をサポートするのに協力を惜しみません。私たちが今必要なのは、何を知っているかではなく、誰を知っているかなのです。

10 人生をデザインする

仕事をするために生きるのでなく、生きるために仕事をする。あなたが本当に夢を実現させたかったら、ゴールに到達する方法を学びましょう。時間は私たちの人生で、唯一取り返すことのできないものなのです。幸せで、満足し、満ち足りて生活できるように、ライフスタイルをデザインすることは簡単です。

でも、本当にそれを実現したかったら、本書でこれまで学んだことに取り組むのが、一番の近道なのです。

11 いつも最終ゴールを見すえてスタートする

何もかもうまくいかなくて不運な目にあったとき、あるいは、富に向かう道を突き進んでいて山にぶつかったとき、意気消沈するのは当然のことです。そんなときは、目の前のことより、遠い先のゴールを見すえましょう。これには練習が必要ですが、必ずうまくできるようになります。

どんな考えを取り入れるかは、あなた次第。目的につながっていないこと、あなたが本当にやりたいこととつながっていない考えは無視するように。

人生、いつも元気いっぱいで輝かしく、常に目標とつながっているとは限りません。そんなときは、頭と心を空にして、マインドフルネスになりましょう。ついてない日でも、悪いことに影響を受けないように。ついていない日には、不安がつのり、期待より恐れから行動をしてしまいがちです。目標はゴールに到達すること。今生きていることへの感謝も忘れないで。

12 間違いは認め、完璧主義とはお別れする

あなたの失敗を誰が気にしているでしょう？　恐れに基づいた考え方は、まわりのすべてをコントロールしようとします（まわりの人も、自分の仕事場も）。これはエネルギーの無駄遣いで、創造性をブロックしてしまいます。リスクを恐れず、間違いを認め、それから学び、前に進みましょう。

13 現金主義を心がける

常に現金が流れているようにする――常に、です！　お金に困窮すると、豊かさはなくなり、女性は女性らしさも欠けてくる。お金に対する考え方も変わります。常に

お金が足りないと、お金のないことばかり気になり、やがて豊かさが訪れることに期待を抱けなくなります。私たちの内面も外見も厳しいものとなります。

14 たくさん貯金して、出費は少なくする

この考えは、「ビューティフル・マネー」の原点です。昨日は、「ビューティフル・マネー」の戦略を開始する日でした。今日からは、お金はもっと意識して使いましょう。そして、明日からは、パワフルに、健全にお金とつき合っていくように。

15 健康はお金を引き寄せる

あなたが、生命力に溢れ、輝いていると、人はあなたに引き寄せられてきます。そして、あなたがかっこよく、素敵で、みんながインスパイアされる存在だと、みんながあなたと一緒にいたいと思うようになります。あなた自身が健康的だと、そこにみんなは引きつけられるのです。内面が素晴らしいと、外見もきらきら輝き、すべてがうまく流れているように見えます。

もっと素晴らしい人生を望むなら、まず自分自身のケアを怠りなく。経済的にも、精神的にも、感情的にも、自分磨きをしましょう。

マネー・モンスターにならないように

これまでに、みなさんが真摯に生き、マグネットのように富と豊かさを引き寄せるための方法をお話ししてきました。「ビューティフル・マネー」プログラムは、単にお金を増やすことが目的ではなく、総合的に豊かになることが目的なのです。そして、まわりの人々に分け与え、貢献することも大切です。

一方、マネー・モンスターは、いろいろな形をして私たちに忍び寄ってきます。そのなかでももっともポピュラーなのは、成功して金持ちになり、素敵な家と車を買い、みんなから尊敬のまなざしで見つめられ、ちやほやされて陥るパターンです。

お金は優越感、権力、競争意識を生み出します。富を築くとお金への依存を高めます。「ビューティフル・マネー」プログラムのコースを取っている人たちのなかにも、ごくわずかですがこの傾向の見られる人が出てきました。ある女性は、全体的な方法で富を築き始め、銀行口座に0が増え始めたとたんに尊大な様子になってきたのです。お金が増えても優越感や権力意識を目覚めさせないようにすることが大切です。

マネー・モンスターのチェックリスト

「ビューティフル・マネー」プログラムの実践者であっても、ときとしてマネー・モンスターになってしまうことがあります。完璧な人なんてこの世にはいないのです。何となくうまくいっていないと感じたら、次のリストをチェックしてみましょう。

- □ 最近、他人のことで頭にくることが多い
- □ 最近、他人に親切でなくなった気がする
- □ お金を十分持っていないような気がする
- □ お金を稼ぐために家族と過ごす時間が減ってきた気がする
- □ お金を稼ぐのに忙しく、疲れている
- □ 競争心がわいたり、他人がうらやましく感じたりすることが多い
- □ お金を貯め込みがち
- □ まわりに対して寛容でない気がする

□最近、人をだましたことがある
□人や物事に対して批判的である
□イライラしたり落ち込んだりすることが多い
□自分は人よりすぐれていると、密かに思っている
□お金持ちの人を特別扱いしている
□心と身体がつながっていないように感じる
□お金を失いそうな気がして不安だ
□貯める以上に使ってしまっている
□いつも何かに追われている気がする
□まわりに後れを取っているように感じる
□人に与えるより、もらうことばかり考えている
□自分の外見や、人が自分をどう見ているかということばかり考えている

マネー・モンスターになりそうだと、身体もすぐにそれを感じ取ります。たとえば、緊張したり、ストレスを感じたり、心配性になったり、精神的に参ってしまったり、心と身体が不調だったり、睡眠障害を起こしたりします。心と身体がうまくかみ

合っていないサインが出ているのです。こんな状態になると、いつも何かに追い立てられているように感じます。すると何もかもうまくいかなくなるのです。

マネー・モンスターは、高邁《こうまい》な意志を持っている人に限ってお金が増え始めると陥りやすい罠なのです。エゴは捨て、心の声に耳を傾けましょう。

マネー・モンスターにならない方法

マネー・モンスターにならないための方法をいくつかあげましょう。

- 相手が期待するよりもっと与える
- 本当に大切なものをお金より優先する
- 愛情と親切心を持って行動する
- 人には、自分が対応してもらいたいように、対応する
- 稼いだお金はすべてリスペクトする
- 人に尽くし、人に与える方法を追求する
- まず、自分自身を愛するように
- 豊かさが足りないということはない
- 世界は私たちの味方であることを忘れない

- 今を生き、身体と心と頭、すべてがいつもつながっているように努力する
- 自分の身体をケアし、十分な睡眠をとる
- お金の管理は怠りなく
- 他人の成功を祝う
- 自分の持っている才能を日々生かす
- 感謝を口に出す練習をする

マネー・モンスターになるのは簡単なことです――まだそれほどお金を持っていなくても、マネー・モンスターになる人もいます。しかし、「ビューティフル・マネー」プログラムを実践していれば、マネー・モンスターになるのを簡単に回避できます。

「ビューティフル・マネー」マグネットはいつも幸せで、健康で、本当の豊かさを引き寄せてくれるのです。その力はマネー・モンスターより強いのですから。

他人からの嫉妬を恐れない

これは、「ビューティフル・マネー」プログラムに直接関係はありませんが、このプログラムを実践し、成功し始めると、よく起こる問題なので、ふれておいたほうがよいかと思い追加しました。

ジョセフ・マーフィー博士は、著書『無限の力を引き出す潜在意識活用法』（きこ書房）のなかで、嫉妬とねたみは豊かさの流れを妨げると言っています。あなたが、「ビューティフル・マネー」の旅に出て、きらきらと輝き出し、変化を遂げ始めると、ほかの人たちは、あなたの変化を見ながら自分の自信が脅かされるのを感じます。すると、あなたにつらく当たったり、傷つくようなことを言ったり、引きずり落とすようなことをする人がいます——それがときには家族や友人であることも。

私は、こういうつらい場面に遭遇したときはマインドフルネスを心がけ、自信を持つようにして、周囲に注意を向け、立ち直るように努力します。私たちのエネルギーと美しい生命力の影響が届かない人がいるというのは残念なことです。

嫉妬や憎しみを受けたときの対処法

- **時間をかけて立ち直る**

あなたの傷ついた自尊心をいやすには、時間が必要です。無理に立ち直ろうとせず、時間をかけることが大切です。

- **その人がどんなストーリーを持って生まれてきたのかを知る**

相手がどんな人生を送ってきたかを知ることによって、あなたへの憎しみを理解し、あなたのなかで整理することができます。他人の生い立ちを私たちは意外に知らないのです。

- **些細なことから目をそらし、状況を客観的に眺める**

大きく考えれば、これらの経験も自分を強くするための人生の素晴らしいレッスンと受け止めることができます。敵意を向けてくる相手には同情し、より親切で、懐の広い人になりましょう。それが、あなたの自信を取り戻すことにもなります。

・できるだけ無視し、巻き込まれないようにする

しばらくは傷が癒えないかもしれませんが、あなたの賢さと知性でその場を切り抜けるように。相手は、実はあなたの愛と同情が欲しくて、あなたをいら立たせて満足しているだけなのです。彼らの挑発にのらないようにし、彼らの上をいきましょう。あなたが幸せに、素敵に暮らすことが最大のリベンジです。

・エクササイズなどでリフレッシュする

ワークアウト、ヨガ、ダンスクラスに行くと、美しく穏やかになれます。友人に愚痴ってもいいですが、ほどほどに。その言葉が回り回って、面倒なことに巻き込まれる可能性があります。肉体的な活動や瞑想のような精神的鍛錬で、いやなことは追い出すように。

「ビューティフル・マネー」プログラムはポジティブに、健康的に暮らすことが目的です。成功を追い求めるあまり、悲劇に巻き込まれることは避けましょう。マネー・マグネットになるように気持ちをシフトさせると、私たちは富をつくり出し、生き方もポジティブに変わります。

ステップ……3

真摯に生きる

「ビューティフル・マネー」を表現する4つのL

「ビューティフル・マネー」プログラムのコースを長年教えてきて、本書を執筆するようになり、「ビューティフル・マネー」を表現する4つのコンセプトを発見しました。光り輝くエネルギーにあふれ、さらに本当の豊かさを持ち続けるためのキーワードにもなっています。数分で「ビューティフル・マネー」について語ってほしいと言われたら、私はこの4つのLの話をすると思います。

4つのLで始まる言葉は、今まで話してきたことを要約していて、どこで時間とエネルギーに焦点を当てればよいか教えてくれます。

- **リーダーシップ（Leadership）が表わすもの**

結果に集中する／自分の限界を知る／ゴールを設定する／時間管理をする／ビジョンをつくる／力を入れるところと抜くところを意識する

- **投資（Leverage）が表わすもの**

勉強する／不労所得で豊かになる／自分に投資する／生産性を上げる／儲かるようなシステムをつくる／疲れないようにする／健康を大切にする

- **遺産（Legacy）が表わすもの**

税金対策をする／保険プランを考える／投資する／現金主義を大切にする／「ビューティフル・マネー」マップをつくる／マネー・マグネットになる／ずっと健康でいる／子ども、家族、お金を大切にする

- **愛（Love）が表わすもの**

創造力を解き放つ／目的をはっきりさせる／自分の内面を大切にする／意義のあることをする／満足感に素直になる／寄付する／自尊心を大切にする／信念を貫く

リーダーシップ（Leadership）

リーダーシップを私が簡単に説明するとこうなります。**自分を最高にパワフルに、真摯に、愛すべきものとして世界にアピールすること。**

私は、リーダーシップはすべてだと信じています。リーダーシップ精神は、その人の口から出てくる言葉ではなく、その人からにじみ出てくるものです。リーダーシップ精神は、あなたが人生で何をしてきたか、どのように自分を世界にさし出してきたかを表わしています。私は、自らお手本となって子どもたちに生き方を教えている両親を讃嘆の目で眺めています。

リーダーシップは、自分と外の世界をつなぐものです。自分の経験を生かして社会に貢献することは大切です。愛がエゴに勝つことを深く理解することもリーダーシップを取る人には大切です。そしてその理解が深まると、平和と思慮深さがにじみ出てきます。リーダーシップを取る人は、最悪の日でも人前で堂々と振る舞うことができます。すべてがうまくいっていれば、リードするのはたやすいことです。

リーダーシップについて、私が敬愛する師匠の書いた本をご紹介します。

- 『この人についていきたい、と思わせる21の法則』ジョン・C・マクスウェル（ダイヤモンド社）
- 『7つの習慣』スティーブン・R・コヴィー（キングベアー出版）
- 『思考は現実化する』ナポレオン・ヒル（きこ書房）

これらの本を読むと、あなたの生活に「ビューティフル・マネー」の4つのLを取り入れやすくなります。もしも、あなたがどう扱ってよいかわからないシチュエーションに遭遇したら、こう考えましょう。親友や子どもにこの状況をどう説明するかしら？

だいたいの場合、答えはわかっています——私たちはリードの仕方を知っているのですから。リーダーシップは、私たちの人生に全面的に責任を持っています。そのために必要なのはマインドフルネスと寛容さと親切心です。素晴らしいリーダーは、些細なことに時間をさきません。リーダーたちは、空間と時間を素晴らしい考えと行動で埋めていくのです。

みな、本来リーダーシップを持って生まれてきています。何度も言ってきたように、人生という道を行く車の運転席に座り、自分自身をリスペクトするのが「ビューティフル・マネー」の鍵です。健全な境界線をつくり、自分の最高の勇気を出し切って素晴らしい人生を送るように私たちは生まれてきています。

心の底から「ビューティフル・マネー」プログラムを実践したいと思うなら、他人のせいにするのをやめて、自分自身でリーダーシップを取り、握って離さないこと。

レバレッジ（Leverage）

ここで言うレバレッジとは、てこの原理のように、少しの力で大きな成果を上げるとても賢いツールです。人生で成功するには2つのレバレッジが必要です。それは「時間のレバレッジ」と「経済的レバレッジ」です。これらをうまく利用して生きている人は成功しています。

時間のレバレッジをうまく使う

あなたが完璧主義者だったり、コントロール狂だったり、あるいは、「もしうまくできたら、するのだけれど」というような被害者意識を持ちやすい人だったら、この「時間のレバレッジ」がうまく使えていないと言えます。

きっと、あなたは常に緊張していたり、焦ったり、フラストレーションがたまったりしているでしょう。嫌な日があると、人のせいにし（よい日ですら人のせいにし)、カップの水がいつもいっぱいでないと不安になり、あふれさせたりしているのです。

経済的なレバレッジを検討する

眠っている間にお金が入ってこないのは、「経済的なレバレッジ」が欠けているからです。お金に関して少し考え直すときです。

経済的なレバレッジには、たとえば次のようなものがあります——不動産、投資、アフィリエイトなど。これらは、かなり一般的になっています。不動産、投資は、人気があり、私と夫も興味を持っていますが、どんなレバレッジを使うかは、その人のライフスタイル次第です。

家庭でレバレッジをきかせる

家庭でレバレッジを応用することも可能です。家事などを全部自分でするのではなく、ルームメート、パートナー、子どもたちにも、仕事を与え、あなたの家事を減らすのです。もし、収入をたくさん得ていたら、家政婦や庭師にあなたの仕事をしてもらいましょう。我が家では、できるだけ夫や子どもと過ごす時間を持ちたいので、ハウスクリーニングや草取りはプロに頼みます。あなたの生活のなかでもレバレッジを使い、息のできる空間をつくりましょう。

重要なのはいつレバレッジを使うかということ。ポイントは、労力を少なくして、多くを生み出すことです。**時間ばかりかかり成果が少なそうなことは、レバレッジを使ってなんとかならないか考えてみましょう。**

暮らしのなかで、何もかも一人でしているときは、レバレッジはゼロの状態で、心とやりたいことがつながっていません。忙しくて走り回っているでしょう。心の声を聞く時間も喜びを生み出す簡潔さも静けさもなくなっていると思います。そんなときはサポートを頼みましょう。あなたの代わりに仕事をしてくれる人を頼むのです。私たちが心から欲しいと願うスペースも時間もたっぷりと増えます。すると、富も幸せもつくり出すことができるのです。これがレバレッジの役目です。

遺産（Legacy）

「遺産」は一般的には、子どもや孫にお金を残すという意味に使われてきています。しかし、それだけではありません。あなたの会社に補助金制度を残すとか、あなたの母校に奨学金制度を残すとか、ボランティア活動の基盤をつくるなども立派な遺産です。

私は、遺産をほかの人々や世界への寄付と考えています。自分の幸福を追求するだけではなく、自分が豊かになったら、ほかの人の豊かさも願う。これが「ビューティフル・マネー」プログラムの最終的なコンセプトです。

お金に限らず、あなたが遺産として、世界に残せるものも考えてみましょう。本を書いたり、曲をつくったり、美しいエネルギーを使って、自分がこの地球から去ったあとも残せるものをつくれるというのは素晴らしいと思います。

後世に残す遺産のアイデア

自分の人生が後世につながると考えるのはなんて素敵なことでしょう。簡単なアイデアをリストにしましたので、参考にしてください。

- 何かの団体に寄付をする
- 信頼できる起業家に投資をする
- 家族のために投資をする
- 現金以外の資産を子や孫に引き継がれるようにする
- お金の相続について税金対策を専門家に頼む
- 本を書いたり、詩をつくったり、ポッドキャストで音声を残したり、楽曲のアルバムをつくる
- 発展途上国を何らかの形で援助する
- 世の中のためになる大きな夢を描いてみる
- 未来の人々のために日記や、記録やアイデアを残す

私がそもそも遺産について考えたのは、私に予期せぬことが起きた場合、財産についてどうなるのかと疑問を感じたからでした。友人の父親が遺言書を残さずに亡くなって大変だった話を聞いています。悲しみの間も、ストレスと緊張感が漂っていたそうです。私の家族にはこんな思いをさせたくはありません。そこで、弁護士を頼んで遺言書をつくり、生命保険のプランを立てました。だからもしものことが私に起こっても、私の遺産はきちんと残されます。

みなさんにも税金対策のプロ、フィナンシャルスペシャリスト、保険のスペシャリストに相談することをおすすめします。

愛（Love）

愛は、いつの場合も「ビューティフル・マネー」プログラムの根底を流れています。愛がなければ、私たちは何もできません。たとえビジネスで成功しても、お金をたくさん稼いでも、何の役にも立たないのです。喜び、平和、健康、平安は、お金からは得られません。

とかく私たちは、頭で考え、心をないがしろにしがちです。私たちは学校教育を通して、大人の言うことを聞き、まわりと同じ行動をし、同じ方向にいくように教えられてきました。勉強をし、論理的に考え、感情を抑えるように指導されました。

でも、心は、つながりを求め、自由に、もっとのびのびしたいと叫んでいたのです。本当は、自分自身の力を信じ、運命に従って生きなくてはならないのです。もっと心の声に耳を傾け、その声に従って行動しましょう。

私がこの本を書いたのは、今まで感じたことがなかったくらい、みなさんに輝いてもらい、ほとばしる生命力にうち震えてもらいたいという願いがあったからです。自分を心から愛し、自分を成長させ、素晴らしい自尊心を身につけてもらいたかったからです。この素晴らしい自尊心を最優先させないと、人間関係もビジネスも健全でなくなってしまいます。

仕事に夢中の人も、心の友のいる人も、「ビューティフル・マネー」プログラム実践中の人も、ストイックな生活を送っている人も、みな自分を愛することが基本です。ペマ・コルドン（アメリカン・チベット人の仏教徒）は、「他人への同情は、自分を愛することから始まる」と言っています。

自分を愛することができるようになると、パワーが生まれ、欲しいものが手に入るようになります。恐れを乗り越え、勇気を持って行動しましょう。自分自身を愛するようになれると、まわりの世界への感謝の気持ちも生まれてきます。そのとき、「ビューティフル・マネー」の世界へとさらに一歩近づいているのです。

恐れを乗り越え、愛を選びましょう。

フラストレーションを乗り越え、愛を選びましょう。

モノよりも愛を選びましょう。

すべての人を愛することを選びましょう。

すると、あなたは本当に美しく、満ち足りた、素晴らしい、豊かな人生を送ることができるのです。

［著者］

リアン・ジェイコブズ　Leanne Jacobs

世界的に有名なフィナンシャルコンサルタント、フィナンシャルアドバイザー。世界中にクライアントを持ち、彼らの財政面、健康面、日常の習慣などのアドバイスをしながら、豊かな心と幸せな生活、さらには豊かな貯蓄をもたらす的確なコンサルティングをするという新しいタイプのフィナンシャルコンサルタント。本書を出版した後は、世界中で『ビューティフル・マネー』の講演を行っている。

財政面の相談に来るクライアントたちに、彼女は心身を健康に整えてから財政面のアドバイスをする。多くのクライアントたちが彼女のアドバイスで財政難を乗り越えた。

ウィルフレッド・ロリエ大学でMBAを取得。グエルフ大学で生物医学の学士号を取得。さらに栄養士の資格、ヨガ・テラピスのインストラクターの資格を取得。

アドバイザーを始める前は、ジョンソン＆ジョンソン、ナイキ、デュポン、ロレアルなどで商品開発の仕事に携わる。一度離婚後、現在の夫と出逢い、共同でワールド・ヒーリング・アカデミーの創立に加わった。

拠点は北アメリカであるが、現在はミュージシャンの夫と４人の子どもとともに、出身地のカナダに住んでいる。

ビューティフル・マネー
4週間で人生が変わる心とお金の法則

発行日　2018年　5月25日　第1刷

Autho	リアン・ジェイコブズ
Translator	薩摩美知子（翻訳協力：オフィス・カガ）
Book Designer	Sidekick（加藤京子　我妻美幸）
Publication	株式会社ディスカヴァー・トゥエンティワン 〒102-0093　東京都千代田区平河町2-16-1 平河町森タワー 11F TEL　03-3237-8321（代表） FAX　03-3237-8323 http://www.d21.co.jp
Publisher	干場弓子
Editor	大竹朝子
Marketing Group Staff	小田孝文　井筒浩　千葉潤子　飯田智樹　佐藤昌幸　谷口奈緒美　古矢薫　蛯原昇　安永智洋　鍋田匠伴　榊原僚　佐竹祐哉　廣内悠理　梅本翔太　田中姫菜　橋本莉奈　川島理　庄司知世　谷中卓　小木曽礼丈　越野志絵良　佐々木玲奈　高橋雛乃
Productive Group Staff	藤田浩芳　千葉正幸　原典宏　林秀樹　三谷祐一　大山聡子　堀部直人　林拓馬　塔下太朗　松石悠　木下智尋　渡辺基志
E-Business Group Staff	松原史与志　中澤泰宏　西川なつか　伊東佑真　牧野類　倉田華
Global & Public Relations Group Staff	郭迪　田中亜紀　杉田彰子　奥田千晶　李瑋玲　連苑如
Operations & Accounting Group Staff	山中麻吏　小関勝則　小田木もも　池田望　福永友紀
Assistant Staff	俵敬子　町田加奈子　丸山香織　小林里美　井澤徳子　藤井多穂子　藤井かおり　葛目美枝子　伊藤香　常徳すみ　鈴木洋子　石橋佐知子　伊藤由美　小川弘代　畑野衣見　森祐斗
Proofreader	文字工房燦光
Printing	シナノ印刷株式会社

ISBN978-4-7993-2267-3